小宮一慶

ぶれない人

GS

まえがき

私がこの本を書きたいと思ったきっかけは、政治家や経営者の多くがぶれることを目《ま》の当たりにしたからです。それにより本人だけでなく関わる多くの人たちに大きな迷惑をかけているのです。本人もすごく損をしているし、周りもすごく損をします。

そのぶれている人が一国の首相ならその迷惑は計り知れないものです。そこで、本書のテーマは「ぶれない人」です。

「どうすれば、もっとお金儲けができますか？」

経営コンサルタントである私のもとには、この質問の答えを求めて、多くの企業の経営者、経営幹部、社員の方々がいらっしゃいます。成功の秘訣を聞きに来られる方もいらっしゃいます。私はこれまでたくさんの本を書いてきましたが、そういう気持ちで私の本をお買いになった方も少なくないはずです。そのような方々に、正しくお金儲けや成功をする方法をお教えするのが私の仕事です。

「欲」はエネルギーの源ですから、「どうすればうまくいくか」と、皆さん、熱心に知恵をしぼります。

最初は、ほとんどの人が「欲」で仕事をします。たとえば、

・お金持ちになりたい
・家族を幸せにしてやりたい
・名声を得たい
・格好良く見られたい

などです。私も会社を始めたときはそうでした。しかし、これらの「欲」のエネルギーだけである段階まで来ると、次の二種類の人に分かれることに、気づきました。

・そこで伸びが止まる人
・そのまま伸び続ける人

「そこで伸びが止まる人」とは、ある程度の収入や立場を得たことで満足してしまう人です。なぜならば、お金を稼ぐことや、社会的地位を得ることが目的ですから、今度は、「お金を使うこと」にエネルギーを使いはじめてしまいます。

もちろん、消費をする人がいないと経済は発展しませんから、分相応に使えばいいでしょう。しかし、高い「志」がないと、そこから上の段階へは進めないのです。中国の古典にも「物をもてあそべば志を失う」とあります。

また、金儲けのために仕事をする人は、仕事がお金を稼ぐための手段になっているため、効率性ばかりを重視するなどして、仕事が荒れていきます。人によっては法律違反まで犯してしまいます。これは、なにも経営者だけに限ったことではなく、すべてのビジネスパーソンに言えることです。政治家や役人でも同じです。仕事を、「手段」にしている人には限界があります。

一方、「そのまま伸び続ける人」とは、もう一段階、考え方が上がる人です。

「良い仕事をすること」そのものを目的とするようになるのです。

そういう人は、良い仕事をすることが目的になりますから、終わりがありません。仕事が生きがいになりますので、良い仕事をすることが好きですし、良い仕事をやりつづけるので、発展も止まることがありません。

しかし、このように「もう一段階、上がれる人」とは、少ないものです。

私は、本書を手にとってくださった読者の皆様に、ある程度の成功を収めるだけでなく、そこから「もう一段階、上がってほしい」と考えています。

そして、その方が結果的に儲けや地位を得られることを私は知っています。しかし、儲けや地位はあくまでも良い仕事をした結果なのです。

そして、つねに「良い仕事をする」ために必要なことが、「ぶれない」です。

皆さんは「ぶれない人」と聞いて、どんな人をイメージしますか？

自分の意思を曲げない人？

周囲の声に流されない人？

確かに、このような人は、芯が通っていてぶれないイメージがありますね。

でも私は、「ぶれない人」が「ぶれそうになる」ことがあるのはかまわないと思っています。どんなに意思が強そうに見える人でも時にはグラつくでしょうし、周囲の意見に流されそうになることはあると思うからです。

では、私が思う「ぶれない人」の定義とは、何か。それは、

自分の信念をしっかりと持ち、それを貫いている人

です。自分の信念を持っている人は、それを拠《よ》りどころにすることができるので、自信を持って強く生きていくことができます。ぶれにくいし、ぶれても戻れます。

しかし、改めて「自分の信念」と問われると、何が信念なのか、答えることは難しいと思いませんか？　信念とは、正しいと信じる考え方です。そして、その考え方に基づいた自分自身の目的、あるいは存在意義を持っていることが大切です。目的とは、最終的に行きつくところです。ここで質問です。

あなたは、正しいと信じる人生の考え方を持っていますか？

あなたは、人生の目的を持っていますか？

そもそも、あなたの、人生の目的は何ですか？

これらは、人としての根源に関わる問いですから、すぐには答えられないかもしれません。しかし、あるとき改めて深く思索し、人生の目的について思いを巡らせ、信念を見出《みいだ》しておくことは、強く生きるためにも、幸せな気持ちで人生を過ごすためにも、必要なことです。

そして、こうした信念は、**正しい考え方をベースにしたもの**でなくてはなりません。

現代は、正しい考え方、すなわち、正しい道徳観や価値観など、人として生きる上で根幹をなすことについて学ぶ場がほとんどありません。一方で、学校などでは、知識偏重の教育がなされて、モノは有り余るほどに溢れていますから、それに目を、心を奪われ、本当に大切なことや、正しい考え方がなおざりにされている傾向があるのではないかと思います。

正しい考え方とは何か、そして「ぶれない」生き方とは何か――このことをお伝えするのが本書の目的です。

そのヒントは、**歴史上における偉大な人物の生き様や、論語、仏教聖典、聖書をはじめとする優れた書物にある**のではないかと思っています。長年、語り継がれた人の話、読み継がれた本には、多くの人に支持された普遍的な真理というべきものが隠されているはずだからです。

また私自身も、経営コンサルタントとして、これまでたくさんの経営者の方々とお会いしてきました。立派な考え方の人もいれば、残念ながらそうではない人にもお会いしました。そのたびに、正しい考えとは何だろうかと考え続けました。こうした経験から得た私の知恵や教訓なども織り交ぜながらお話しできればと思っています。

人生は順風満帆なときばかりではありません。

大なり小なり試練は訪れますし、道に迷い、暗闇のなかを手探りで歩いている感覚になることもあるでしょう。そんなときこそ、**自分の信念をしっかりと持っていれば、ぶれない人として、そのつど、正しい判断を下しながら生きていくことができる**はずです。

本書を読んだ皆さんが、人生における正しい考え方を身につける契機になり、今まで以上に「良い仕事」をし、人生を謳歌することができれば、これ以上嬉しいことはありません。

著者

ぶれない人／目次

第3章 会社として、社員としての正しい考え方

第4章　正しく生きるために　171

第1章 ぶれないための正しい考え方

正しい生き方、正しい考え方

「正しい考え方」とは、振り子の原理にたとえて説明することができます。

振り子を思い浮かべてください。

振り子は、ゆらゆらと揺れます。

そして、必ず、原点を通って揺れています。

振り子の原点にあたるところが、人間の原点であると考えてみてください。

人間はいつも原点で静止しているわけではなく、振り子同様に気持ちがゆらゆらと揺れ動き、ぶれることがあるものです。

そんなとき、**原点というものをしっかりと持っていれば、どんなにゆらゆらと揺れているときでも、原点に戻る、あるいは、原点に気づくことができます。**

原点を通るたびにどうすればいいのか自問自答できるので、悩んだり迷ったりしてあらぬ方向に進みかけても、最終的には正しい道を進むことができると思うのです。

しかし、原点を持たない人は、振り子の原点がどこにあるのかすら分かりません。原点という重りがないため、ゆらゆらと揺れ動くだけでいつまでもさまよったり、間違った道に進んだときに、それが間違いであることになかなか気づかないのです。

原点とは、すなわち、正しい考え方のことです。

ですから、まずは、正しい考え方を身につけなくてはなりません。正しい考え方を持たなければ、原点を持てないからです。

一国の首相や実力者に献金問題や金権疑惑がつきまとう、言っていることがころころ変わる、会社の経営者が私利私欲にまみれている、親が、子どもを虐《しいた》げる――。これらの例は、そもそも正しい考え方を持っていないか、あるいは、正しくないのに、当人だけが「正しい」と思い込んで行動するために起こってしまうのではないかと思います。

正しい考え方があれば強く生きていける

私がこの正しい考え方について真剣に考え、自分なりに探求し始めたのは、会社員時代でした。

私は、大学を卒業後、東京銀行の社員として働いていました。このときお世話になった上司は人としても立派な方で、今でも心から尊敬しています。しかし、社内の一部の人には違和感を覚えることが少なからずありました。

例えば、社員から「ヒラメ」と呼ばれていた上司がいました。出世しか目に入っていない、すなわち、目が上の方しか見ていないところをヒラメにたとえられていたんですね。部下の都合や仕事の内容も考えず、なんでも「今日中、今日中」と言うので、「教授」と呼ばれていた人もいました。

私は彼らに対して違和感を抱いていましたが、同時に、「本当に彼らが正しくないと自信を持って言えるのだろうか」と自分自身に対しても自信はありませんでした。それを突き詰めると、いったい何が正しくて、何が正しくないのか、だんだん分からなくなってしまいました。自分のなかには、明確な基準のようなものがなかったからです。

元来、物事を深く考える性格だと思いますし、自分の存在とは何なのか、漠然とした不安を抱えている時期でもありましたから、よけいに人生の指標になるものを見つけたかったのだと思います。

指標になるものというのは、自分にとって都合のよいもの、自分の価値観だけで作り上げた独り善《よ》がりの考え方では意味がありません。

そこで、論語をはじめ今も語り継がれる本をたくさん読み始めました。二十代後半の頃でした。論語の場合、二千五百年も前に書かれた書物です。それが、**今もなお、多くの人に支持され続けているということは、人が生きる上での普遍的な真理が隠されている**はずだと思いました。少なくとも、理不尽だと思う上司よりは、何千倍も真実を伝えてくれるものだと思いました。

そして、その後、多くの哲学的な書物や立派な方たちから教えをいただき、正しい考え方とはどういうものなのか、少しずつですが身につけることができました。とはいえ、まだまだ、十分に自分のものになっているとは思っていません。一生をかけて学び続けなければならないと思っています。

何が正しいのか見極める目を持つ

皆さんのなかにも、現に今、上司に対して何かしらの憤りを感じたり、理不尽な気持ちを抱えたりしている人はいるかもしれません。

しかし、こうしたときにまず考えてほしいのは、その上司が本当に「正しくない」のかについて、しっかりと見極めることです。「キツいことを言われたから腹が立つ」「みんなも嫌っているから自分もイヤ」などの理由だけでは、その上司が「正しくない」理由にはならないと思いませんか。

上司が正しいのか、正しくないのかを見極めるには、まずは自分自身が正しい考え方を身につけていなくてはなりません。

正しい考え方のもと、自分の考えは間違っていないと確信を持って言えるのであれば、理不尽な上司と仕事をしなければならない場面でも、上司の一挙一動に安易に振り回されることなく、なるべく距離を置いて接する、一歩引いて物事を見てみるなど冷静な対応をとることができるでしょう。

しかし、正しい考えのないまま理不尽な上司に接していると、上司にキツい口調で責め立てられた、威圧的な態度で接してきたなどといった場面で、その勢いにのみ込まれて従わざるを得なかったり、萎縮してしまうなど、必要以上に振り回されてしまうことは多いように思います。

正しい考え方をしっかりと持っている人は、判断に迷うことがあっても、最終的には正しい判断を下し、正しい道を選べます。つまり、躊躇《ちゅうちょ》なく強い心で生きていけるのです。

欲についての正しい考え方を知る

では、正しい考え方とは、具体的にはどんなことを指すのでしょうか。まずは多くの人が惑わされやすい、「欲」についての正しい考え方のヒントになると思えることから、お話ししていきたいと思います。

「まえがき」でもお話ししましたが、多くの人が「欲」を動機に仕事をしています。「お金持ちになりたい」「出世したい」「世間から評価されたい」――。

欲を持つこと。それ自体は悪いことではありません。

なぜなら、欲を持つことで、それをエネルギーに変えて頑張ることができるからです。

会社員なら、働いた分だけ給与に反映すると言われればやる気が出るという人はいると思いますし、会社を興したばかりの経営者であれば、同業他社に負けないぐらい稼いで事業を大きくしようと野心に燃える人はいるでしょう。

私が人生の師と仰ぐ長野県篠ノ井にある曹洞宗の円福寺の故・藤本幸邦老師は、欲について次のようなことをおっしゃっていました。

欲は、エンジン。理性は、ハンドルとブレーキ

欲は、モチベーションを高めてくれるエンジンのようなものだから、ある方がいい。でも、暴走しやすいものでもあるから、「理性」というハンドルとブレーキを上手に使って、正しくコントロールしていかなければならない。そう老師はおっしゃっていました。

ただし、ここが肝心なところなのですが、お金や地位といった欲をエネルギーに変えてうまくいくのは、ある程度のところまでだと私は思っています。問題は、〝その先〟です。

その先は、道は二手に分かれます。

ひとつは、いつまでもお金や地位といった欲が先行する人がたどる道です。お金を稼ぐことが目的化するため、仕事は稼ぐための手段になってしまいます。

このような人は、ある程度お金を稼いだら、それを高級車だ、遊びだと使うことに精を出し、肝心の仕事は適当になるか、どうにかしてもっとうまく稼ごうと考えるようになります。中には、私利私欲にどっぷりと溺《おぼ》れて金の亡者と化し、お金を稼ぐことそのものが人生の目的のようになってしまう人もいます。

もうひとつは、欲を昇華した人がたどる道です。

こういう人は、仕事を始めた当初こそは欲が先行していても、「生活に困らないほど食べていけるようになった」「人並み以上の生活ができるようになった」など、ある程度のところに到達して以降は、良い仕事をすることが目的化していきます。

仕事を通してお客さまや社会に貢献しようという、言うなれば〝正しい欲〟に昇華できるため、ますます質の高い仕事に取り組んでいくことができます。

お金ではなく、仕事を追い求める

では、ここで皆さんに質問します。

お金を稼ぐことを目的に仕事をしている人と、良い仕事をすることを目的に仕事をしている人。どちらが、結果的に儲けることができると思いますか？

答えは、良い仕事をすることを目的に仕事をしている人です。

金儲けしたいと思う人が儲からず、良い仕事を追い求める人が儲かるのです。

多くの会社や人を見てきて、これは人生の真理のひとつだと私は思います。

その理由は子どもでも分かることです。

良い仕事をすることを目的に仕事をしている人は、常に、いま以上に良い商品やサービスを提供しようと頑張ります。それが目的ですから。

良い商品やサービスを提供し続ければ、お客さまは喜んでくれます。

お客さまが喜んでくれたら、その分、結果として売り上げや利益が出ることになります。

売り上げや利益が出るということは、会社なら、儲かった分を社員や株主などに還元することができます。さらには、納税により地域社会にも貢献することができます。

つまり、**良い仕事をすることを目的にしている人は、「結果として」儲かる**わけです。

お客さまのため、社会のためという「利他心」で仕事をすると、仕事の質は向上し、結果、利益を得ることができます。良い仕事をするということを目的とすれば、良い仕事をすること自体で、自分も楽しいし、また、良い仕事は世間を利しますから、多くの方を喜ばせることにもなります。そこには、「利己」も「利他」も超越した世界があると言ってもいいでしょう。

でも、実際は、なかなかこの気持ちになれる人は少ないのです。だから、本当に良い仕事をして、仕事を楽しんで、経済的にも豊かになれる人は、それほど多くはいないのです。お金や地位は魔物で、それが目的化しやすく、その欲から、次の段階へ「昇華」できる人がほんのわずかだからです。そういうことを考えたことすらない人も多いからかもしれません。つまり、お金や地位が目的化していることが、誤りだと気づいていない人も多いのかもしれません。そういう人は、仕事がだんだん荒れてくるか、疲れてきます。ルンルン気分で仕事ができなくなってきます（皆さんはルンルン気分で仕事をし

ています か?)。

お金や地位が目的の人は、一時的に地位やお金を得ても、本当の幸せにはなれず、地位やお金もあだ花のようにいずれは消えていきます。

私は、地位やお金を否定しているのではなく、「良い仕事」を目的として、それを通じて、地位やお金を得てほしいのです。もっと言えば、地位やお金を得るためではなく、地位やお金を得られるくらい、良い仕事をしてほしいのです。

金儲けしたい人は儲からない

金儲けがしたいと思う人が儲からないのは、金儲けすることが仕事の目的になっているため、**「お客さまのために」良い仕事をするという気持ちが二の次になってしまうからです。**

当初は「お客さまのため」と思っていた人も、お金儲けが目的になったとたんに、お客さま志向はどんどん希薄になってしまいます。

良い仕事をする気持ちが希薄になると、仕事は荒れてきます。「お客さまのために何ができるか」という肝心な視点も抜け落ちますから、当然、商品やサービスの質が低下します。

これでは、到底、お客さまに喜んでもらうことはできず、結果として、会社全体の売り上げや利益は下がってしまいます。

売り上げや利益が下がれば、社員や株主に還元することもできず、納税額も下がり地域社会への貢献度合いも低くなってしまいます。お金を追い求めると、坂道を転げ落ちるかのように経営が悪化し、なにもかもがうまくいかなくなるというのはよくある話です。個人のレベルでも、仕事が荒れますから、結局は仕事の評価が下がります。

自分の利害ばかりを考える「利己心」で仕事をすると、仕事の質は低下しますから、結果的には儲けることはできないのです。これは別にビジネスの世界だけでなく、役所でも政治家でも同じです。

ここで、「金儲けを目的にしている人でも、すごく儲かっている例を知っている」という人もいるかもしれません。

確かに、金儲けを目的にしている人は、短期的、一時的には儲かり、「時代の寵児」

などともてはやされることはあると思います。ただし、中長期的に儲け続けることは難しいと言っていいでしょう。どこかの時点で、お金や地位が目的ではなく、良い仕事が目的になるようレベルアップできればいいのですが、お金の亡者になってしまえば、不当な手段を使ってでも儲けようとするため、塀の中に入ることもあり得ます。

私は講演などで、**「お金儲けをしようとする人ほど、お金儲けすらできない」**と話すことがあります。

良い仕事をしようと頑張れば、結果、お金はついてくる。

お金儲けしようと頑張っても、結果、お金はついてこない。

だから、大切なことは、**「お金を稼げるぐらいに良い仕事をしよう」**と思うこと。それが正しい考え方ではないかと私は思います。

藤本老師も、次のようなことをおっしゃっていました。

お金を追うな、仕事を追え

これも、同じことですね。

お金を追い求めるのではなく、良い仕事を追い求めろ。そうすれば、お金や地位は自然についてくるということです。

成果主義の弊害

ただし、ここで誤解しないでいただきたいのは、私は、お金を稼ぐことが「悪」だと言っているわけではないということです。

お金を稼げるくらいに良い仕事をしようと奮起する。こうした正しい考えのもとで稼いだお金を分相応に使う分には、日本や世界の発展に貢献することになりますから何の問題もないと思っています。

それにお金があれば、助けられるはずの人命を救うこともできます。貧困にあえぐ国の人、震災で家を失って途方に暮れる人、大病にかかってお金が必要な子どもやご老人に寄付をするなど協力することができます。

問題なのは、過度の金銭崇拝です。

正しい考えのないまま、お金があるのはいいこと、稼ぐ人は偉い人という風潮が蔓延することがよくないと思っているのです。

こうした風潮を助長したのが、仕事の成果だけで社員を評価する成果主義という人事制度だったと思います。一九九三年に富士通が導入したのを皮切りに他の企業も追随して導入しましたが、業績が低迷する会社も続々と出始め、二〇〇〇年を過ぎた頃からは見直しを迫られた会社も少なくありませんでした。

私は、仕事においては信賞必罰は絶対だと思っています。会社は仕事をしにくるところですから、良い仕事をしてくれた人に、それに応じた地位や報酬を与えるのは当然です。しかし、その際に、お金や地位を目的にしてしまうと、先ほどお話ししたように、仕事が手段となりますから、仕事が荒れたり、チームワークが乱れたりしがちになり、働いている人も次第に疲れてくるようになるのです。

その大きな要因が、成果主義の評価結果が、「お金や地位」だけになりやすいことにあったと思います。もちろん誰だって、上司から「売り上げを上げたら、来月から給料を二倍にするよ、役職も考慮するよ」などと言われたら、頑張ろうと思いますよね。私だってそう思います。

ただし、これが成り立つのは、その前提に、「お客さまのために良い仕事をしよう」という正しい考え方がある場合です。すなわち、「お金や地位を得られるぐらい良い仕事をしよう」と会社のみんなが思い、お客さま志向一直線に突き進んで成果主義をやっていると問題が小さいのですが、そういう考えが根底になければ、個人主義に陥ってしまいます。

お金や地位というのは怖いもので、給与をアップしてあげるよ、役職もアップしてあげるよという〝にんじん〟がぶら下げられていると、あたかもお金や地位だけが目的のように感じるようになりがちです。そして、お金を稼ぎさえすればそれでいいという考えに陥りやすくなってしまうのです。

すると、なかなかその思考から抜けられず、社内にも、「お金を稼いだ人が偉い」「お金を稼いで、役職も上がったらもっと偉い」という風潮が蔓延してしまいます。

そうなると、もともとは「お金や地位を得られるほど、良い仕事をしよう」と正しい考え方をしていたはずの人も、当人も気づかないうちに、「お金を得るため、地位を得るために仕事をしよう」という考えにすり替わってしまうのはよくあることなのです。

その結果、会社全体が、殺伐としてきて、チームプレーや働く喜び、そして、何よりも良い仕事をすることや自分の存在意義（目的）を見失ってしまいがちになります。そして、ひたすらお金儲けだけに走り出すのです。

世の道理から外れて起きた世界同時不況

どんな方法でもお金を稼いだ人が偉い――。この風潮が蔓延した結果、二〇〇七年にはサブプライム危機が起こりました。

サブプライム危機は、世の道理から外れた金融機関が、右肩上がりに不動産価格が上昇することを前提にして、元来十分な収入のない人に住宅ローンを設定してどんどんお金を貸し付け、それを証券化して世界中にバラまいた結果、金融危機を引き起こしたというものです。

この出来事は、できる限りお金を貸し付けて証券化して稼ぐ社員＝偉い人となり、こうした人に給与も地位も与えるという経営を続けた結果、起こってしまったものだと私は解釈しています。そこには、お客さま志向という要素はどこにも見当たりません。正しい考え方のないまま、〝お金や地位を得る人が偉い人、お金を稼いでなんぼ〟という風潮が広まると、こうしたサブプライム危機のようなことが必ずと言っていいほど起こるのです。

もちろん、先ほども書いたように、会社は働きに来るところですから、信賞必罰は必要です。

何度も言うように、私はお金を否定しているわけではありません。働いた人に報いるのは当然のことだと思っています。

しかし、「良い仕事をしよう」という正しい考え方を持たずに仕事をすれば、世の道理に外れてまで、ひどいときには犯罪を犯してまでお金を稼ごうという方向に突っ走ってしまうのです。

経営コンサルタントという仕事柄、私のもとには、「どうやったら金儲けできるの？」と相談しに来る方が少なからずいらっしゃいます。正しい考え方をしている立派な経営者がいる一方で、私利私欲が剝《む》き出しの経営者がいるのも事実です。お金がからむと、人はぶれやすいのです。私は、それを目の当たりにしてきました。

お金にのみ込まれたら最後、人は、どんどんぶれていきます。それはお金だけでなく、地位や権力に対してでも同じです。

ぶれていることに気づかず、ひたすらお金や地位を追い求める姿はハタから見れば狂気の沙汰です。しかし当の本人は、ヘタすればお金のために塀の中に入ったあとも、それが間違っていることに気づかないことすらあるのです。これでは、周囲に迷惑をかけ続けるし、自分自身も幸せになれない人生になってしまいます。

お金を追い求めると、〝黒〟に限りなく近いグレーゾーンの領域に平気で片足を突っ込んでしまう人は多いと言えます。

でも、私はつくづく思います。そんなに危険な橋を渡ってまでお金の亡者にならずとも、もっとずっと儲かる方法があるのに、と。それが、何度も言う通り、良い仕事をすることに邁進することなのです。お金を稼げるほど良い仕事をしようと頑張ることなんです。そこは真っ白な領域です。でも、結果としてお金を得ることに結びつくのです。それも良い仕事をすればするほど、人からも評価され、尊敬され、しかも、そうであればあるほど、経済的にも豊かになるのです。だれも不幸にならないばかりか、皆が幸せになれるのです。

こうした正しい考え方に一人でも多くの人が気づいたら、会社も良くなり、社会も良くなり、結果、日本という国がますます良くなるのではないかと思います。

間違いを指摘してくれた上司

正しい考え方というのは、上司や経営者など上の立場に立つ人ほど持っていなければならないと私は思っています。指導すべき立場の人が正しければ、おのずと社員も正しい方向に進むことができるからです。

もしも、社員が正しい考え方を持っていない、あるいは、間違った考えを正しいことだと思い込んでいると感じたら、上司や経営者がしっかりと伝えていくべきだと思います。

私は、東京銀行の社員として働いていた頃、上司のある一言のおかげで、正しい考え方に気づかされたという経験があります。

バブル全盛を少し過ぎた一九九〇〜九一年当時、私は、企業の合併や買収を行うM&Aの仕事に携わっていました。当時、M&Aという言葉自体もあまり知られていない頃でしたが、東京銀行には海外の支店がたくさんあり、企業買収の案件はたくさんありました。私も上司の指導を仰ぎながら、海外化粧品ブランド、ワイナリー、海外の鉄道会社の買収などの大きな案件を任せてもらえました。

あるお客さまのM&Aの案件に携わったときのことです。ある情報を入手したのですが、それをすぐにお客さまに開示すべきか逡巡しました。なぜなら、それを開示すれば、お客さまは今回のM&Aは見送るかもしれないと思われたからです。M&Aの案件は、「できてなんぼ」の手数料商売ですから、案件を見送られると、こちらは商売になりません。

私は、当時の部長だった上司にこう相談しました。

「この情報は、数日間寝かせておいてもいいですか？」

すると、部長は私にこう問いかけたのです。

「どうして？　小宮君、君はそこまでして金儲けしたいの？」

ハッとしました。

当時から、「お客さまのため」という気持ちで仕事をするように心がけているつもりでしたが、部長のこの一言で、そうではなかったのだと気づきました。「お客さまのため」と言いながら、実際には「会社のため」、もっと言えば、せっかくの案件を潰《つぶ》したくないという「利己心のため」に行動しようとしていたのだと分かりました。

どんな仕事も、一度関わった以上、頓挫させたくない、最後までやり遂げたいと思うのは、人間の本能のひとつだと私は思います。でも、この一見立派に見える考え方も、一歩間違えれば、ただの利己心になってしまうことがあるのです。

そんなに金儲けしたいの？

本当にお客さまのためを思っている人なら、お客さまに不利になるかもしれない情報は真っ先にお知らせするはずです。なのに私は、その情報を一時的とはいえ隠そうとした。そのことを、部長は「そんなに金儲けしたいの？」という一言で教えてくれたのです。

部長のビジネスにおける原点は、お客さまのためにいい商品やサービスを提供するということでした。もっと言えば、人間として誠実であるかどうかということです。だから、どんなときでも、どんなことでも、それがお客さまのためになるのか、誠実かどうかを判断基準にさまざまな決断を下すことができたのです。

原点があるからこそ、「今、怒ったら部下がかわいそう」というその場しのぎの甘い考えもないし、「部下の言うとおり、この情報をちょっと隠せば会社の利益になる」と目先の利益だけに目を奪われることもなかったのです。

しかし、これは言うは易《やす》く行うは難《かた》しです。

なぜなら、先ほども説明したように、銀行のなかでもM&Aなどの投資銀行部門は手数料商売ですから、案件を成就させない限り、一円の収入にもならないからです。

例えば、二十億円の案件で二パーセントの手数料が会社に入るとすると四千万円です。情報を開示したことでお客さまがM&Aを見送ってしまえば、当然、その四千万円は手に入らないのです。

しかし、こうした姿勢を持ち続け「お客さまのため」を貫けば、いつか、より大きな案件が舞い込む可能性は高くなります。

なぜならお客さまは、自分のためになることをしてくれた会社をいつまでも覚えているものだからです。より大きな案件をお願いするときは、「お客さまのため」を貫いた会社に依頼したいと思うものなのです。

私は、上司のおかげで、「お客さまのため」というのがどういうことなのか、身をもって知ることができ、本当に感謝しています。そして、上に立つ者はこうでなければいけないと、この話を思い出すたびに身の引き締まる思いがします。銀行を辞めてもう二十年ほどたちますが、今でもこの上司とは親しくさせていただいています。利害を離れて付き合える方だからです。

論語と算盤は一致すべし

お金に対する正しい考え方を身につけるうえで、おすすめしたい本があります。それが、『論語と算盤《そろばん》』です。

日本最初の銀行をはじめ、五百もの会社、六百もの社会福祉事業の設立に関与した、「日本資本主義の父」と言われる渋沢栄一氏の著書です。今も、ロングセラーとして書店に並んでいる名著です。

同著で渋沢氏は、「論語と算盤は一致すべし」と繰り返し主張しています。「論語（＝道徳）」と、「算盤（＝経済）」は両立するものだと述べ、豊かさを持続させるには、善い行いと、良い商いがかけ離れてはいけないと教えてくれます。

これは、私自身の原点ともなっている考え方のひとつです。

論語（正しい考え方）を追い求め、それを実践した結果、算盤（お金）がついてきます。**算盤だけを追い求めても、算盤はついてこない。論語を追い求めて、初めて算盤がついてくる。**この事実を忘れてはいけません。

また、渋沢氏は、「利をもって利とせず、義をもって利とす」あるいは「義利合一」という考えも基本としていました。

利とは利益。義とは正しい道理のこと。すなわち、私利私欲だけを追い求めた利益ではなく、国のため、人のためという正しい道理のもとで得た利益こそ、真の利益だという意味です。そして、義を貫いたところに、利があるということです。義は利の根本なのです。

そう考えると、渋沢氏にとって五百もの会社を興したというのは、私利私欲を追求したからではなく、日本経済を発展させるためだったというのがよく分かります。もっと言えば、経済を発展させたいという強い信念があったからこそ、それが原動力になり五百もの会社を興せたのではないかと思います。

つい「算盤」や「利」ばかりに目が奪われてしまうという人は、「論語あっての算盤」「義あっての利」だということを、折を見て心に問いかけてほしいと思います。

人として立派な人が大金持ちになる

先の「論語と算盤」の話にも通じることですが、人として立派な人ほど、結果的に儲かっているという事実があります。

その代表的な人物として真っ先に挙げられるのが、稀代の名経営者として名高い、松下電器（現・パナソニック）の創業者である故・松下幸之助氏や、京セラ・ＫＤＤＩ創業者の稲盛和夫氏でしょう。

彼らの著書などを拝見すると、**「私利私欲をなくせ」**という一文がたびたび出てきます。

実は私は、この「私利私欲をなくせ」という部分に、少なからず違和感を持っていた時期がありました。

なぜなら、お二人とも長者番付の常連になるほどの大金持ちだからです。

でも、あるとき分かりました。

彼らは、決して金儲けのため、私利私欲のために仕事をしていたわけではなかったということです。

私利私欲をなくし、お客さまのため、社会のために良い仕事をしようという一心で仕事を続けた結果、売上高や利益が出たのです。その後も、もっとお客さまや社会のために何かできることはないかと考えて良い仕事をし続けた結果、他の人の何倍ものお金を稼げるようになった。しかし、そこでも慢心せず、最後までお客さま志向を貫いた結果、長者番付にのるほどの大金持ちになったのです。

つまり大金持ちになったのは、あくまでも、お金のためではなく、良い仕事をしようという正しい考え方を貫いた結果なのです。

正しい考え方を持ち続けることが、結果的に経済的豊かさをもたらすのですが、経営コンサルタントをしていても、このことを分かってもらうのはなかなか難しい場合が少なくありません。頭では分かっても、経営の実践の場では、どうしてもお金に対する欲が先に立ってしまう人が少なくないのです。

お客さま第一にしても、それを儲けるための手段と考えてしまう人も少なくありません。儲けるためにお客さま第一をやってしまうのです。でも、それなら、お客さま第一ではなく、利益第一です。そんな会社でも、お客さま第一をやっている間は、まだいいのですが、所詮手段ですから、少し儲かると、もっと効率の良い方法を考える、あるいは、儲けたお金の使い方に気が行ってしまいがちになります。

お客さまのためと表向きは言いながらも、それが儲けるための手段である限りは、途中でお金に目がくらんだり、その他の欲に溺れてしまう人はたくさんいます。お金は魔物とはよく言ったもので、人を幸せにする道具であるはずのお金に、こちらがふりまわされてしまうことは往々にしてあるものです。

しかし、松下氏や稲盛氏などの立派な経営者は、利益が出ても、会社の規模が大きくなっても、お客さまのため、社会のためという原点をぶれることなく貫きました。お客さま第一や仕事を通じての社会への貢献が目的だからです。

話が少し脱線しますが、松下氏や稲盛氏がおっしゃった「私利私欲をなくせ」という意味がはっきり分かってから書いた私の著書は、それ以前に書いた本よりも売れるようになりました。これは正しい考え方の大切さということを多くの人が必要としており、共感していただけたからではないかと密《ひそ》かに思っています。

良樹細根、大樹深根

正しい考え方というのは、大地にそびえ立つ木にたとえることもできると思います。どんなに枝葉が生い茂っているように見える木でも、根が張っていなければ、いずれ枯れてしまうか、根元から倒れてしまいますよね。

「良樹細根《りょうじゅさいこん》、大樹深根《たいじゅしんこん》」という言葉があります。知っていますか？

良樹細根とは、細かく根が張っている木は枝葉もよく茂る木になるという意味で、大樹深根とは、根が深くまで張っている木は、その分、大きな木になるという意味です。

人間にたとえてもそうです。**正しい考え方という根をしっかりと張りめぐらせている人は、やがてたくさんの枝葉が茂る良木になる**と思います。

根を張りめぐらせていない人は、本来、もっと茂るはずの枝葉も茂らないままになってしまいます。

あるいは、根はたいして張っていないのに、枝葉の方が、一時的に急激に茂るという場合もあります。いわゆる、運が良くて、あるとき、一気に著名になったり、急にお金が儲かった人というのがこれにあたります。

こういう人の枝葉は、今、現時点は見事に生い茂っていますから、そこに魅力を感じて多くの人が寄ってきてちやほやしてくることでしょう。

しかし、もともと、その人の根は張っていないわけですから、どれほどもつかは怪しいところです。遠からず、根元から倒れてしまうかもしれません。

「運も実力のうち」ですから、運良くスターダムにのし上がることは悪いことではないと思います。ただし、当人が、根がまだ十分に張っていないことを自覚して努力を続けなければ、人気は凋落してしまうでしょう。残念ながら、運良くうまくいった人ほど、「今までうまくいったんだから、このままずっと順調にいくだろう」と、あぐらをかいてしまう傾向があるように思います。

立派な木には、立派な根が張りめぐらされています。

立派な木になりたければ、正しい考え方という名の根を張る努力を怠ってはいけません。そして、その努力は、ずっと続けなくてはなりません。

実力がついていないうちに〝たまたま〟うまくいった人は、それこそ、人の何倍も努力をしなくてはなりません。努力を怠れば、たちまち枝葉は枯れてしまうでしょう。

立派な木になるために

ところで、早く立派な木になりたいからと、無理して大きくしようとすると、支え切れなくなって倒れてしまうことがあるので注意が必要です。

この状態を「高転び」と言います。

会社経営でも、根が十分に張っていないのに焦って規模を大きくしようとすると、高転びしてしまうことがあります。

昨年十一月から今年にかけて、トヨタ自動車の大規模リコール問題が、連日、新聞を賑《にぎ》わせました。アメリカでは三百八十万台のリコールがあり、豊田社長はアメリカ議会の公聴会に呼ばれて出席し、経緯を説明するなど対応に追われました。

トヨタ自動車は、日本を代表する自動車メーカーであるだけでなく、二〇〇八年には、販売台数がアメリカのゼネラルモーターズを上回り、世界第一位の自動車メーカーへと上り詰めました。その矢先の出来事だったのです。

同社の二〇〇五年度の売上高は、約十九兆円。〇八年度は約二十六兆円と、わずか三年間で七兆円も伸ばすなど急成長を遂げています。

私は、今回のリコール問題と、この快進撃は無関係ではないと思っています。

根が十分に張っていないのに、無理に規模を大きくしようとしたからリコール問題という形で高転びしてしまったのではないかと思うのです。七兆円という売上高の伸びという枝葉に見合うほど、根を張ってこなかったというわけです。

売り上げや利益が出て、会社の規模が大きくなること自体は悪いことではありません。

しかし、急激に規模が大きくなると、新たな人材を確保し、さらなる利益を出すことに集中しなくてはなりません。そうなると、会社のビジョンや理念、あるいは「稼げるぐらいに良い仕事をする」という正しい考え方などを社員に伝えることが後回しになってしまいます。社員の意識がバラバラな状態のまま仕事をしていれば、問題が起きるのは必至です。

ただし、トヨタ自動車は、「カンバン方式」をはじめとする合理的で厳しい経営で知られる一方、長年かけて培ってきた「トヨタイズム」なるものが醸成されており、社員の帰属意識や愛社精神は、非常に強いことでも有名です。「お客さまのため」という原点に立ち返り、社員が一丸となって改めて良い車作りを行っていけば、必ずやまた盛り返してくると思います。

なれる最高の高さを目指そう

一人ひとりを見ても、自分をことさらに大きく見せようと虚勢を張る人もいますよね。

こういう人も、大きく見せようとするレベルまで実力が伴っていない、すなわち、根を十分に張っていないため、高転びしてしまうことがあると思います。

根を張る努力をせっせと続けるうちに、自然に枝葉が茂り、いつしか立派な木になる。

これが、人としても、会社としても、最も理想的な成長の形だと思います。

ただし、人には、その人に合う木の高さがある一方、その高さまでは成長することも大切です。

二メートルの木になる可能性のある人が二メートル以上になることはありませんが、二メートルにまでは伸びなければなりません。五メートルになる可能性のある人は五メートルにまで伸びる努力をしなければならないのです。なれる精一杯のところまでは、体を壊さない程度に目一杯頑張ろうという意味です。

私は、自己実現とは、なりたい自分になるということもありますが、「なれる最高の自分になること」ではないかと思っています。そして、なれる最高の自分を目指しているその延長線上に、なりたい自分になれるということがあるのではないかと考えています。

これは、大きくなるのを目指すなと言っているわけではありません。

何かしらの目標を掲げて、より大きくなることを目指すのは大切なことです。

二メートルの木になる人が、一メートル五十センチ程度で満足していてはダメです。

十メートルの木になる人が、八メートルで満足していてもダメです。

その人のなれる最高の高さを目指すということです。

もっとも、その人に合う高さというのは、そう簡単に到達するものではありません。

二メートルの高さになれる人が二メートルに到達してしまったと思っても、実はまだ一メートルにも満たなかったということはよくあることです。

そういう意味では「なれる精一杯」というのは、なかなか至る境地ではありませんから、一生、努力し続ける覚悟を持っているぐらいでちょうどよいかもしれません。

正しい考え方を学ぶ大切さを知ろう

論語には、次のような一文があります。

民は之《これ》に由《よ》らしむべし。之を知らしむべからず

この「知らしむべからず」というのは、知らせてはいけないということではなく、一人ひとりにその内容を理解させるのは難しいという意味です。そこで、「とにかく訳はわからぬが、あの人のすることだから俺はついて行くのだ」（安岡正篤著、『論語の活学』プレジデント社）というふうに「由らしむ」必要があるのです。安心感を持ってもらうのです。

これには続きがあります。

中人以上は以て上《かみ》を語るべきなり。中人以下には、以て上を語るべからざるなり

なぜかと言えば、平均以上の知性や教養のある人には高尚なことを言っても理解できるが、平均以下の人にはなかなか理解できないからである。

少々キツい言い方ですが、知性や教養レベルが低い人には、なかなか正しい考え方を理解させることができないという意味です。

これは、論語が書かれた二千五百年前も今も、同じです。もちろん、本来、日本人の知性は比較的高いのですが、正しいことでも理解してもらうのはなかなか難しい。だから、表面的に理解しやすい、そして、「うけ」やすいことが受け入れられやすい。政治の成果を見ても、「郵政民営化」で「刺客を送り込む」と言えば、一気に自民党に票が流れ、その次の衆院選では、「反自民」というだけで今度は民主党に票が流れるのです。「之を知らしむべからず」なのです。この国が抱えている少子高齢化や先進国中最大規模の財政赤字など、ことの本質や本当の意味を理解してもらうのはなかなか難しいことなのです。

そういった状況では「由らしむ」に足るしっかりしたリーダーが必要なのですが、現状ではなんとも心許《こころもと》ないと言えます。政治家なら、政治的にも人間的にもぶれないことが大切です。経営者なら経営哲学をぶらせてはいけない。

そして、ぶれないとしても、ここまでお話ししたように、正しい「原点」を持ってぶれない人でなければ、リーダーとしては失格です。ましてや日本のリーダーともなると、正しい考え方を持つとともに、国益や複雑な国際関係、さらには財政や福祉と多くのことにもある程度精通している必要があります。もちろん、細かいことは大臣や官僚たちにも任せられますが、何を優先するかは最終的にはリーダーが決めなければなりません。その優先順位を決めるのは最終的には本人の価値観とそれを実行するときの覚悟によります。そうしたときに、正しい考え方という原点があり、なおかつそれを貫き通せる人でなければ、日本国のリーダーは任せられないのですが、なかなかそういう人物がいないのは残念なことです。

そういう状況が続く前提として、残念ながら、今は正しい考え方を学ぶ場がほとんどありません。

そして、正しい考え方を学ぶ大切さを教えてくれる人もあまりいません。

江戸時代なら、武士階級の人々は藩校で、庶民は寺子屋などで、読み書き算盤などを習う他、論語の素読などを行い、幼いうちから道徳観、人間観などについて学ぶ機会がありました。正しい考え方を学んだ子どもは、自分が大人になったら、その正しい考え方を子どもへ伝えていくという素晴らしいサイクルがあり、みんなが、それを当然のこととして行っていました。明治以降も、道徳教育は熱心に行われました。もちろん、悲惨な戦争体験からしても、戦前の教育が必ずしも良かったと言うことはできませんが、道徳的な観点、人間として何が正しいかという点からは、評価できるものがあったと思います。

以前は、家庭も大家族が多く、近所との関係も希薄ではなかったので、正しいとまではいかなくとも、間違ったことを近くにいる人が正してくれる機会が多かったと思います。今では、教育も家庭環境も大きく変わってしまいました。正しい考え方とは何かを考えることなく、経済的豊かさを個々人が追い求める利己的活動が行動の原点となってしまっています。

もちろん、私は経済的豊かさを求めることを否定はしません。私の師匠の藤本幸邦老師も「貧困は悪」だとおっしゃっています。私は、経済的豊かさと正しい考え方は相矛盾するものではなく、むしろ、正しい考え方を持った人や企業の方が、より経済的にも、精神的にも、つまり、トータルの人生が豊かになれると信じているのですが、そもそも正しい考え方とは何かということを、勉強する機会が少なすぎるように思えるのです。

一生かけて真理を探究する

もちろん今だって、小学校などでは道徳の授業はあり、道徳観や価値観について学ぶ機会はあります。しかし、それだけではまったく不十分なのです。

そもそも正しい考え方とはどんなことなのかについて学んでこなかった人が教師になったら、「人の道」の本質なるものを、どこまで子どもに伝えられるかという点については疑問が残る部分があるように思います（もちろん、正しい考え方の必要性を認識し、自ら学んだという立派な先生はいると思いますが）。家庭で教えるにしても、教える親たちも十分な道徳観があるかどうか疑問です。

つまり、現代では、正しい考え方を自発的に学ぼうという姿勢がない限り、それを身につけることは難しいのではないかと私は思うのです。自分で勉強するしかないのです。

何度かお伝えしてきましたが、正しい考え方を学ぶためには、論語などの長年読み継がれた本をはじめ、松下幸之助さんをはじめとする、多くの人に長く支持されている優れた書物をたくさん読み、また、優れた方と接する、そのなかから、自分の正しい考え方というのを模索していくといいのではないかと私は思っています。

とはいえ、正しい考え方というのは、人生の目的や存在意義にもつながることですから、すぐに身につくものではありません。

論語にも、次のような言葉が残されています。

朝《あした》に道を聞かば、夕べに死すとも可なり

これは、朝に真理を知ることができたら、その日の夕方に死んでも心残りはないという意味です。

それほど、人生の真理を知ることは難しく、奥の深いものだということを教えてくれている言葉だと思います。逆に言えば、人生の真理を知れば、それほど素晴らしいことはないということでもあります。

正しい考え方というのは、即、身につくものではありません。

でも、正しい考え方を身につけたいという気持ちを抱き、本などを通して学ぶ姿勢を持ち続けることはできます。そう思い続けていると、○・一歩ずつかもしれませんが、前に進んでいくことはできます。
こうした積み重ねを経て、人生の目的や存在意義などを自分なりに、少しずつ見出していくものだと思います。そして、それは本当に身につけるのは難しいですが、一旦ある程度身につけば、ぶれない、正しい、そして幸せな人生をおくることができるのではないかと思います。

今の日本にはないビジョンや理念

国民を代表する政治家にも、正しい考え方が必要なのは言うまでもありません。
今の政治がいいのか、悪いのかというのは何で判断できると思いますか？　答えはとても簡単です。国民の多くが幸せと感じるかどうかです。

あなたは、今、幸せだと思えますか？

この質問に「ＹＥＳ」と答えた人が多いほど今の政治には満足していることになり、

「NO」と答えた人が多いほど、何らかの不満を抱いていることになると私は思います。なぜなら、政治の目的は、「国民を幸せにすること」にあるからです。だから、今、自分が幸せか、そうでないかというのは大きな指標になると思うのです。

しかし、それだけではありません。今の幸せのために、将来の、つまり、自分たちの子どもたちの幸せを犠牲にしているとすればどうでしょう。先進国中対GDP比で最大の財政赤字を抱えながらも、ばらまきを行い続ける、議員や公務員の定数の削減をしない、これは危機を迎え暴動が起こったギリシャと同じではないですか。日本の対GDP比の財政赤字は、ギリシャの倍近くです。対外債務が少ないから大丈夫などとうそぶいていても、借金はいつかはだれかが返済しなければならないのです。

将来の、子どもたちは、私たちよりも幸せになれますか？

子どもたちを私たちより幸せにするのは私たち、現在を生きる者の責務です。義務です。少なくとも私たちと同じかそれ以上の幸せをもたらさなければならないのです（私たちの現在の繁栄の裏には、太平洋戦争で亡くなった方たちをはじめ、多くの先人の努力や犠牲があったことを忘れてはいけません)。

「国民を幸せにする」というのは、政治における原点、政治の存在理由ですが、政治家は、国民を幸せにする、それも、現在と将来の国民の幸せのバランスを考えた上で、政治は何をすべきか、何ができるのかを考えていくべきです。しかし、どうも、原点すらぶれているというか、原点を持たないのではないかと見受けられる政治家も少なくないのは本当に残念なことです。

皆さんもお分かりのように、多くの政治家の目的は、国民を幸せにすることにあるのではなく、政権を取ることやただ単に政治家になる、つまり、議員になることにあるように思えます。そして、もっとレベルが低い政治家になると、そのことで利権を得たり名声を勝ち得たりという私利私欲に走っています。

今は、国も、政治家も、より良い国にするためにどうすべきか、どんな国にしていくべきかという、会社で言えばビジョンや理念といったものが欠落しているように私には見えます。

もし、ビジョンや理念を掲げる政治家がいても、それが国民のためという「利他心」ではなく、お金や名誉などの「利己心」で行動していたら、真に国民を幸せにするような政策に結びつくことはないでしょう。

今の政治を見ていると、残念ながら、ビジョンや理念が明確にあり、信念を持ってそれを行動に移している人を見かけることは少ないように思います。人間としての原点をしっかりと勉強していないからでしょう。

ただ、これは、政治家だけでなく、経営者やビジネスマンにも同じことが言えます。原点をしっかりと持っていない、つまり、正しい考え方を持っていない人間が、適切な人間を選ぶことなどできないからです。

だからこそ、「由らしむ」に足る真のリーダーが、政治にもビジネスの世界でも必要なのです。

巧言令色鮮なし仁

論語のなかに、次のような言葉があります。

巧言令色鮮《すく》なし仁

口先が巧みで顔つきも穏やか、愛想の良い人は徳の少ないことが多いという意味です。要するに信用できない人だということです。孔子は、巧言や令色で他人をあざむいてはいけないと説いています。

こうした人が政治家になってしまえば、口先だけですから、マニフェストも大衆ウケするようなことばかりで、なおかつそれらも実行されないことが多くても平気ですし、会社の経営者になってしまえば、口先だけで行動が伴わないといったことになりかねません。

信用の「信」という字は、にんべんに言葉と書きます。つまり、人が言うことという意味です。言ったことを守ることが、信用の原点なのです。

巧言や令色だけの人を政治家にしたり会社の上層部にしてしまうと大変です。中身は伴わず、本来は上になるべき人ではないのに、調子がいいこと、世渡り上手なことでカムフラージュして、上の立場になってしまっている人は少なからずいるのではないでしょうか。

一方、孔子はこんなことも述べています。

剛毅朴訥《ぼくとつ》仁に近し

「剛毅」は意思が強く屈しないこと、「朴訥」は素朴で口数が少ないことを意味します。すなわち、意思が強くて飾らない人間は、仁（徳を備えた完成した人間）に近いという意味になります（「仁」という字は、にんべんに二と書きます。つまり、人が二人いると必要なものということです。人が二人いると必要なものは、愛とか思いやりです）。

本来、こうした仁を持った人が政治家になったり、会社の上層部になるべきだと思うのですが、巧言令色タイプが上の立場になりがちです。「知らしむべからず」で、なかなか一般の人に本質を分かってもらうのは難しいものなのです。

巧言令色なのか、剛毅朴訥なのか真に見抜くには、なによりも、まずは自分自身が正しい考え方を身につけていなければなりません。

正しい考え方という判断基準がなければ、巧言令色ばかりの人が、あたかも実行力の備わった信用のおける人間に見えてしまったり、剛毅朴訥の人が、口数が少ないゆえに何を考えているのか分からなかったり、頼りなく見えてしまうなどといった誤った認識を持ってしまう危険があるのではないかと思います。

第2章

信念のある人になるために

正しい考え方は、信念へと高まる

正しい考え方をしっかりと身につけている人は、それを行動で表します。そして、行動し続けます。

考え方が信念へと高まるのです。

信念を持った人は、これまで以上にその信念を貫こうとするようになります。信念のある人がとる行動は、周囲の人に賛同されることばかりではありません。ときには、一人で荒波に立ち向かわなければならないこともあります。なぜなら、信念のある人は、それが「正しい」ことだと知っているので、どんなに厄介なことでも、どんなに大勢を敵に回すかもしれないことでも、自らが行動を起こして突き進んでいかなくてはならないという使命感を持っているからです。

私は、**正しい信念のある人がとる行動は、そのとき賛否両論があったとしても、いずれは多くの人に尊敬されることになるだろう**と思っています。

正しい考え方のもとで貫いたことというのは、「人としてこうあるべき」という人間観、道徳観、価値観を多分に含んでいます。お手本にすべき人物だとみんなが認めるからこそ、尊敬される人になっていくのだと思います。

本章では、このように正しい考え方を身につけ、行動に移している人の話をお伝えしながら、正しい考え方や信念というのがどんなことを指すのかについて、より詳しく見ていこうと思います（正しい考え方が、正しい信念へと高まるのです。そのためにも、第1章で説明した正しい考え方という原点が重要で、間違った考え方という原点を持った人が、間違った信念へと高まると、これほど厄介なものはありません）。

信念のある人は、行動に移す

私の身近な例からお話を進めていきます。「信念がある人」と言えば、私は、旭化成のグループ会社である旭化成ライフ&リビング（現・旭化成ケミカルズ）で社長をしていた能村義廣さんを真っ先に思い出します。

能村さんは、旭化成本社の常務であるとともに、そのグループ会社の社長をしておられました。彼が社長だった頃、私の会社に社員教育の依頼をしてくださったことがご縁でお付き合いが始まり、今でも親しくさせてもらっています。

旭化成ライフ&リビングの主力商品はサランラップでした。

能村さんは、それを売るために何をしたと思いますか？

社長であるにもかかわらず、全国津々浦々のスーパーに自らが出向いて店頭で販売したのです。当時、同社は海外展開も図っていましたが、上海のスーパーなどにも同様に、自らが出向いて店頭で販売していたそうです。

これは、言うは易く行うは難しです。

当時の旭化成ライフ&リビングは、年間の売上高が六百億円に届くかという事業規模。「なにも社長がわざわざ売りに行かなくても……」と思っていた社員は少なからずいたはずです。おまけに当時の能村さんは、本社の旭化成でも常務を兼任し多忙を極める日々を送っていましたから、余計にそう思った社員はいたと思います。

社長一人がスーパーに立ってサランラップを売っても、一日の売り上げは、売れてもせいぜい数万円程度。

それでも、能村さんは、スーパーでの店頭販売をやめませんでした。

能村さんの社長室の壁には、日本地図が描かれた大きな紙が貼ってあり、自分が回ったスーパーのある都道府県が塗り潰してありました。時間の許す限り、全国各地のスーパーを回って、直接お客さまに販売したい、直接お客さまの声が聞きたい——。私には、その日本地図が能村さんの覚悟を示しているように感じられたものです。

しかも、能村さんは、スーパーでサランラップを販売する際、背広にネクタイ姿で店頭に立っていたわけではありません。なんと、ちょんまげに裃《かみしも》を着たさむらいの格好をして立っていたというのです（上海では文化的な問題を考慮し、サムライではなくピエロの格好をして販売したそうです）。

さむらいの格好をした理由は単純明快。目立つためです。

特に地方のスーパーなどで派手な格好で販売をしていると、地方新聞やローカルテレビ局の目に留まる可能性があるといいます。変わった格好をしていて、しかもそれが大手企業の社長となれば、より注目されたはずです。

実際、さまざまなメディアが取り上げ、かなりの宣伝効果に結びついたそうです。自社の売り上げもそうですが、サランラップを売ってくれるスーパーの宣伝にもなりました。旭化成にとっては、ラップを売ってくれるスーパーさんも大切なお客さまです。

さむらいだの、ピエロだのに扮した社長を見た社員のなかには、ちょっと気恥ずかしいと思った人もいたかもしれません。あるときに、地方のスーパーでさむらいの格好をして販売していたときには、小学校三年生くらいの女の子から「おじちゃん、リストラされたの」と言われたということを私にうれしそうに話してくれたこともありました。

それでも、能村さんは、スーパーの店頭でサランラップを売り続けました。

正しいと思ったことはやり続ける

もうひとつ、能村さんが実践していたユニークなことがありました。

それが、社内会議をすべて英語で行うというものでした。将来、ますます海外の市場が拡大するであろうなか、英語をマスターしなければ、競争という名の土俵に上がることすらできないと考えたからです。

とはいえ、日本人しかいない会議の場で、会話のすべてを英語で行うのは非効率だと感じる場面は多々あったはずです。社員の反発も少なからずありました。

でも、能村さんは、英語での社内会議をやり続けました。スーパーでの店頭販売にせよ、社内の英語会議にせよ、なぜ、能村さんはここまでやり続けることができたのでしょうか。

それは、能村さんが「旭化成をより強い会社にしたい」という考え方をしっかりと持っていたからだと私は思います。

私の会社が長い間させていただいた中堅幹部向けの経営研修も、当時、旭化成が導入していたEVA（経済付加価値）という経営指標にはすぐに反映されるものではありませんでした。中堅幹部に経営の研修を行っても、その効果が出るのは、早くても数年後、場合によっては、彼らが本当の経営者となる十数年後です。能村さんが経営を任されている期間の会社の業績にはすぐには反映されない、つまり、能村さんの評価にはすぐにはつながらないはずです。それでも、彼は、英語での会議を続け、研修も続けました。

働く人がお客さま志向で、経営センスを持ち、かつ国際感覚を持てれば、結果として、会社の売り上げや利益が出ます。時間がかかるかもしれませんが、基盤ができればそれは本当の実力ですから、長続きするのです。長期的に、社員や株主に還元でき、さらに納税により、社会にも還元できます。

能村さんは、強い旭化成を作るという信念を最後まで貫き通したのです。

これを読んで、社長ならば、スーパーの店頭に立つ暇があったら、マーケティング戦略でも練るべきだと思う人もいるかもしれません。もちろん、それも考えていました。

しかし、能村さんは、短期的に利益を上げればそれでいいと考えていたわけではないのです。将来にわたって、お客さまに良い商品やサービスを提供し続ける必要があり、そのためには強い会社を作る、強い社員を作るという必要性を知っていたのです。そしてそれを指揮官先頭でやったのです。

「関わる人すべてを中長期的に幸せにする」こと、私はそれがリーダーの真の優しさだと思っています。そのためには、正しい考え方を、一人ひとりの社員に浸透させなければなりません。そして、**浸透させるには、自らが行動に移さなければなりません**。だから、スーパーの店頭にも出向いたし、英語での社内会議もやり続けたのです。

正しい考え方というのは、頭で理解するだけでは意味がなく、実際に手を、体を動かしてみることで、初めて経験値としてその人のモノになります。能村さんは、このことも十分に理解していたと思います。

正しい考え方を伝える努力をする

能村さんのように、社長が率先して行動を起こせば、会社やトップの方針というのがどんなものか、「お客さま第一」とはどういうことかを身をもって社員にも伝えていくことができます。

行動し続ける能村さんを見て、社員が何も感じないはずはありません。

社長自らがスーパーの店頭に立ち、お客さまに直接サランラップを売っているのです。「社長があそこまでやっているのだから、自分も何かしなければ」という気持ちが生まれた社員は多かったはずです。

英語による社内会議にしてもそうです。ＴＯＥＩＣを受験させようとする上司はいるかもしれませんが、会議そのものを英語にしてしまうというのはなかなかできることではありません。

でも、それをあえて行動して貫けば、トップの覚悟は社員にも伝わります。会社のため、ひいては自分のためにも英語が必要なんだと実感できれば、社員の意識は変わってくるはずです。なにより、会議の内容が分からなければ仕事になりませんから、英語が苦手な社員は必死で勉強するはずです。それは、否応なく上達することを意味します。月々数万円払って英会話学校に行くより、はるかに実のあるビジネス英語力が身につくでしょう。

社員教育にしても、技（スキル）を磨くことも大切だけれど、その土台になる、ビジネスマンや経営者として、人としての正しい考え方を身につけることはもっと大切だという認識があったからこそ、社員教育に力を入れたのです。

人としての正しい考え方、ビジネスにおける正しい考え方を身につけた中堅層の社員は、自分たちが上の立場になったとき、自らも、その正しい考え方を部下に伝えようと努力していきます。すると、社員全体に正しい考え方は広まり、それは、いつしか会社の風土や文化として根づくようになります。

信念のある人は信念のない人に嫌われる

能村さんのような「信念のある人」は、信念のない人からは疎《うと》まれることがあります。なぜなら信念のある人がとる行動は、ときに、大勢の反対を押し切ってでもやり遂げようとするため、信念のない人から見れば不可解だったり、場合によっては、それが頑固な人、面倒な人に見えてしまうこともあるからです。

信念のない人が、信念のある人に叱られようものなら、その思いはますます募り、嫌悪感を抱く人もいることでしょう。

しかし信念のある人は、正しい原点だからこそ貫こうとしているのです。正しい考え方を信念を持って貫いているため、同じように正しい考え方を持っている人であれば、この人になら信じてついて行こうと思えるはずです。本物の人は本物が分かりますが、偽物には本物が分からないのです。

ただし、先にも述べましたが、信念のある人が、間違った信念を持っていたら周囲が迷惑します。もし、何が正しいのか理解していない若い社員などに対して、上司が間違った信念を貫いたら、それが正しいことだと思い込んでしまう恐れがありますし、思い込まなくても、大きな迷惑や害悪であることは間違いありません
そのためにも、何度も述べているように、正しい考え方を原点として持っていなければなりませんが、さらに、本当の意味で「正しい」信念のある人は、「こだわるべきこと」と「こだわらなくてよいこと」、あるいは、「譲ってはいけないこと」と「譲ってもよいこと」について明確に区別しています。なおかつ、「こだわるべきこと」と「譲ってはいけないこと」のなかでも、信念をかけてでもこだわらなくてはいけないこと、信念をかけてでも譲ってはいけないことについても、はっきりと認識しています。
すなわち、**自分の原点や、人生の根源に関わる価値観などについては、信念をかけてでもこだわり、譲らず、貫いている**のです。

こだわる必要のないことにはこだわらない

「こだわるべきこと」と「こだわらなくてよいこと」が明確に区別できないと、大切なことにはこだわらずに、どうでもいいことにばかりこだわってしまうといったことが起

こり得ます。

昔、私の知人に、「赤ワインはフランスのブルゴーニュ産のワインしか飲まない」というこだわりを持っている人がいました。でも、そんな趣味の範囲でのこだわりはどうでもいいことです。人生の本質とは何の関わりもありません。

もし、その人がブルゴーニュ・ワイン協会（実在するかは知りませんが）の会長だというなら、分からなくはありませんが……。

一方、こんな話もあります。

三十年ほど前、自動車業界では、社員が「他社の車に乗る」ことは、絶対的なタブーでした。社員は「自社の車に乗る」という強いこだわりがあったのです。

ところが、私がトヨタの社員から聞いた話ですが、当時のトヨタ自動車の副社長は、自社の車ではなく、マツダのファミリアという自動車に乗っていた時期があるそうです。

その理由は、当時、「ファミリアが爆発的にヒットしていたから」でした。

トヨタにとっての最大の目的は、「より良い車を作って、お客さまに喜んでもらうこと」です。ライバル車に乗らなければ、どういう点が人気の理由なのかが分かりません。

ですから、副社長は「とにかく、自分で乗ってみよう」と思ったそうです。

これは、「どうでもいいことにはこだわらない」という好例だと思います。

もし、副社長に柔軟な考え方がなく、他社の車に乗るなんてもってのほかだと、「自社の車に乗る」ことにこだわっていたとしたら、果たして、良い車作りができたかどうか疑問が残ります。

「こだわるべきこと」と「こだわらなくてよいこと」を明確に区別すると同時に、**「こだわるべきこと」が、本当に正しいかどうかをきちんと検証する必要がある**のです。

部下に厳しいことを言えますか?

ここで、ひとつ質問します。

あなたが部下である場合、上司はあなたに優しいですか?

あなたが上司や経営者である場合、あなたは部下に優しくしていますか?

「優しいと思う」「優しくしていると思う」と答えた人は、どんなところが優しいと思いますか？

もしも、「あまり怒られない（怒らない）から」「厳しいことを言われない（言わない）から」と答えた人は、「優しい」の真の意味を十分に理解していないのではないかと思います。

あまり怒られない（怒らない）、厳しいことを言われない（言わない）というのは、優しいのではなく、「甘い」だけだと私は思います。

「優しい」とは、「他人に対する思いやりがあること」という意味です。

上司が部下を怒らないのは、部下に対する思いやりがあるのではなく、単に自分が恨みを買いたくない、悪く思われたくないという本音が隠されているのです。

「部下がかわいそうだから」という理由で怒らないという人もいますが、それも、思いやりがあるのではなく、一時的な感情に流された、その場しのぎのものに過ぎません。

本当に「優しい」上司は、部下が仕事を覚えるまでは厳しく指導しますし、間違っていることをしていると思えば叱咤してでも正します。私はリーダーが持つ優しさとは、中長期的に関わる人すべてを幸せにすることだと思っています。

「優しさ」というコインがあるとすれば、その裏側は、「厳しさ」です。

部下を甘やかした結果、仕事の技（スキル）も中途半端、人としての正しい考え方も身についていないという社員ばかりになってしまったら、本人のためにはなりませんし、数年後、数十年後の会社の雲行きは怪しくなります。

正しい考え方をしている上司は、社員の実力をつけること、人として正しい考え方を身につけさせることが、会社や部下たち、ひいてはお客さまや社会の将来のためになることが分かっています。だから、社員が誤った考えをしていたり実力が足りなければ、ときに厳しく指導することが必要なことも理解しているのです。

社員の側も、叱咤されれば、一時的にはその上司を嫌うかもしれませんが、時を経て、自分が指導者の立場になったとき、「あのとき、上司が言ったことは正しかった」と必ずや実感できるときが来るはずです。

一方、「甘さ」のコインの裏側は、「冷酷」です。上司が保身に走り、肝心なときにも怒らずになあなあで仕事をすれば、部下の実力は伸び悩み、人としての正しい考え方が身につくこともありません。組織を結果的にダメにしてしまいます。それは、そこで働く人にも、社会にとっても大きな損失となります。

甘やかされた社員ばかりで、会社の意識もバラバラな状態で、お客さまのために良い商品やサービスを提供できるはずがありません。利益は出ない、社員や株主、社会にも還元できない、すなわち、関わる人みんなを不幸にしてしまう。「甘さ」は「冷酷」な結果しか生まないというわけです。

勇気と信念

ときに厳しく指導することが必要だというお話をしましたが、厳しいことを言うには勇気がいるものです。

松下幸之助さんの『道をひらく』という本をご存じですか。昭和四十三年に発売以来、四百五十万部以上を売り上げている短編随想集ですが、生きていくうえでの不変の真理というべきものを伝えている名著です。私は自宅の勉強机の上にいつもこの本を置いてあり、それこそ二十年ほど前からほとんど毎日開きますから、もう百回以上は読んだと思います。そのなかに、こんな一節があります。

幾千万人といえども我ゆかんとする烈々たる勇気

これは、心にやましいものがないのであれば、たとえ多くの人が反対しても恐れずに進む勇気が必要だという意味です。

勇気は、どこからくると思いますか？

私は、**「信念」が勇気を生む**のではないかと思っています。

誰かに厳しいことを言う、あるいは、反対されてもやり遂げるというのは、相手に嫌われるかもしれない、多くの人を敵に回すかもしれないというリスクを負うことになります。

それでも、あえて勇気を持って行動に移せる人は、信念のある人と言えるでしょう。正しいことをしているという信念があるからこそ、勇気やエネルギーも生まれるのだと思います。

会社の人間関係で言えば、部下に厳しいことを言える上司は、今、あえて部下に厳しいことを言うことが、それが当人のためになるだけでなく、ひいては会社のため、お客さまのためになるということを十分に理解しています。

良い仕事をして、関わる人みんなを幸せにしようと思う信念があるからこそ、勇気やエネルギーが湧いて、厳しいことも言えるのです。

親子の関係だってそうですよね。親にとって子どもは、自分の子であると同時に、将来の社会を担う一員になる存在です。

正しい考え方を持っている親は、単に子どもを甘やかす教育はしないはずです。もしも間違っていたら厳しく指導することが必要なことを知っています。正しい考え方を持たずひたすら甘やかせば、子どもは、何が正しいのか分からないまま、単なるわがままな大人になってしまいます。

私は、上司や親が信念を持ったうえで、勇気を持って厳しい言い方をしたときは、それは部下や子どもにしっかりと伝わると思っています。信念から出た毅然とした言葉には、真実が含まれているからです。少なくとも、虫の居所が悪かったなど、その場の感情に任せて言ったのではないことは伝わるはずです。

上司や親に厳しく言われた部下や子どもは、いつの日か、彼らの行動は正しかったと分かる日が来るはずです。

そして、自分自身が上司や親の立場になったときに、厳しいことを言うにはいかに勇気がいるものか痛感し、ますます信念のある上司や親に感謝の念を抱くことになるでしょう。

天命を生きた西郷隆盛

明治時代に活躍した、キリスト教思想家であり文学者でもある内村鑑三氏の『代表的日本人』（岩波文庫）という著書があります。ご存じですか。

英文で発表され各国に翻訳されたものですが、西郷隆盛、上杉鷹山、二宮尊徳、中江藤樹、日蓮上人という日本の歴史上における偉大な五人の人生を紹介しながら、日本的な道徳観や倫理観について説いている本です。

いずれの人物も共通して、確固たる信念を持ち、それを行動に移した人たちです。まだ読んでいない方は、ぜひ、読んでみてください。タイトル通り、まさに代表的な日本人とはどんな人かを知ることのできる良書です。そして、正しい考え方や信念の大切さが分かります。

ここでは、西郷隆盛と上杉鷹山の二人にスポットを当て、彼らの貫いた信念や正しい考え方とはどういうものだったのかということを中心に紹介したいと思います。

彼らは、人として普遍的なこと、大切にすべきことを訴えかけているように感じます。それには、現代の私たちの人生においても、おおいに参考になることが含まれています。

「西郷どん」という愛称で親しまれた西郷隆盛は、主に江戸幕府の倒幕、明治維新において活躍した人物としては、日本人なら知らない人はいない人物です。西郷は信念の人でした。

西郷は、「敬天愛人《けいてんあいじん》」という独自の思想を持っていました。

敬天愛人とは、「天を敬い、人を愛す」、すなわち、天を敬えば不義の行いはなく、人を愛せば非道はないという意味です。人の上に立つ者は、この敬天愛人の心がなければならないと考えていました。

また、人には天命があり、それに従うべきだという考えのもとに行動しました。西郷にとって天命とは、日本を良くするためにはどうすればいいか、人々が幸せになるにはどうすればいいかを考えること、そして、それを実践していくことでした。

例えば、坂本龍馬の仲立ちで結んだ「薩長同盟」にしても、日本全体を良くすることを考えたとき、藩同士が争っている場合ではないと判断したから薩摩藩と長州藩の同盟を結んだと言えます。藩という組織が、武士にとっては命を懸けても守らなければならないという時代の話です。藩主の命は、絶対の時代のことです。

一八六八年、江戸城を明け渡した「江戸開城」にしてもそうです。

倒幕派の代表だった西郷と、幕府軍の代表だった勝海舟らは、話し合いを行うなかで、「戦いを起こして江戸の百万人もの庶民が犠牲になるのは避けた方がいい」という結論に達したからこそ、誰をも犠牲にしない無血開城を実現させたのです。

信念を持たなければ成し遂げられないことがある

西郷隆盛でなければ成し遂げられなかっただろうと言われている歴史的な出来事のひ

とつに、一八七一年六月に行われた廃藩置県があります。

当時、明治新政府ができたものの、それまでの江戸幕府同様、藩があり藩主がそれぞれの地方を治めているという状態が続いていました。これでは、人々は、新政府よりも藩主の命令の方を優先してしまいます。そこで明治新政府が中央に権力を集中させるために行ったことが、全国二百六十一の藩を廃して府県を配置する廃藩置県だったのです。

これは、士族にとっては生活が苦しくなることを意味します。なぜなら、藩や藩主がそれまで持っていた権限が奪われるため、藩から得ていた給与がなくなってしまうからです。

当然、藩主や士族の強い反発が予測できた改革でした。明治維新の原動力は、それまでの武士階級や地方の藩でした。その権力を一気に弱めようということです。それを知っていた政府も、二の足を踏んでなかなか会議もまとまりを見せないなか、西郷だけが一言、こう言います。

「なにが起きてもあとのことはすべて引き受ける」と。この一言で廃藩置県は断行されました。

西郷にとっても、これまで自分の精神的支柱となっていた藩や藩主をなくすというのは断腸の思いだったに違いありません。

しかし、西郷には、国を良くする、人々を幸せにするという天命、原点があったのです。その原点に立ち返ったとき、自分の立場がどんなに苦しくなっても、これまでのしきたりを壊してでも、また、これまでお世話になり、恩義のある薩摩藩や藩主に不利になっても、改革していかなければならないことがあるという強い信念を持っていた。だからやり遂げたのだと私は思います。そして、ことを成し遂げると西郷は、故郷鹿児島で、質素な暮らしに戻るのです。東京での特権階級の暮らしには何の魅力も感じなかったのです。

一八七三年、山縣有朋が導入した、一般の人に兵役を課することになる徴兵制も、西郷がいなければ、成し得なかっただろうと言われています。西郷は、鹿児島から東京に呼び戻されます。

四民平等、武士の解体を意味する徴兵制は、士族の反発は必至です。それまで何百年もの間、武士しか持っていなかった軍事力を、武士階級から奪うものだからです。そもそも明治新政府の樹立に貢献したのは武士なのに、その新政府から武士階級の解体を言い渡されるとは、士族にとって不条理だと感じられるのは、当然のことで、大反発を受けました。

このときも西郷は、士族の反発をすべて受け止める覚悟で説得にあたります。国を良くする、人々を幸せにするという天命のもと、将来のことまで思いを巡らせ、武士階級を解体するのはやむを得ずと判断したのです。

そうして新しい日本国の礎《いしずえ》を築いた西郷でしたが、最後は、薩摩の若い藩士たちに担ぎ出されて西南の役で、政府軍と戦って亡くなります。薩摩の若者たちの決起に、「情」として呼応せざるを得ないこと、そしてそれは死を意味することを知って立ち上がったのでしょう。城山で戦死した西郷を取り囲み、政府軍の将兵たちも涙を抑えることはできなかったという話です。反政府で戦った西郷の銅像が、上野の山に今でも建っているのを知らない人はいないと思います。

正しいと思う道を最後まで貫き、敬天愛人の心で生涯を送った。その姿勢は、西郷亡き後もなお、多くの人の魂をゆさぶっています。

大欲は無欲に似たり

ところで、『代表的日本人』には、西郷隆盛について「西郷ほど生活上の欲望のなかった人は、他にいないように思います」と書かれており、続いて、こんな描写があります。

「西郷の月収が数百円であったころ、必要とする分は十五円で足り、残りは困っている友人にならだれにでも与えられました」

「普段着は薩摩がすりで、幅広の木綿帯、足には大きな下駄を履くだけでした。この身なりのままで西郷は、宮中の晩さん会であれ、どこへでも常に現れました」。そのため、宮城の門番に呼び止められ、「自分は西郷大将だ」と言っても、通してもらえなかったこともあったそうです。

また、西郷は地位にも頓着しませんでした。明治新政府の樹立に最も貢献したにもかかわらず、新政府の要職に就くことなく、自分はさっさと故郷に帰ってしまうのです。新政府にお願いされたから、再び上京して参議という役職を得て廃藩置県などに携わりましたが、西郷にとって、地位はさしたる意味を持っていなかったのです。

「大欲は無欲に似たり」ということわざがあります。

まるで西郷のことを表現した言葉のようですね。**大望を抱いている人は、細かいことなどこだわらなくなる**のかもしれません。

見方を変えれば、私利私欲が優先し、お金を稼いだとたんに、あれも欲しい、これも欲しいとなり、ベンツやロレックスを買うことが偉くなった証のように考えている人は、まだまだ志が低い段階ということでしょう。

お金や地位よりも尊い正しい原点と言うべきものを明確に持って行動し続けている人は、人生を懸けて高い志へ向かっていくため、モノに頓着しているヒマはないというのが本心かもしれません。

天地自然の理とは

「敬天愛人」という西郷隆盛の思想ですが、これは、「天地自然の理《ことわり》」に通じるものがあると思います。西郷は、遺訓集にも、たびたび「天地自然の道」という言葉を使っていますが、これも天地自然の理とほぼ同じことだと思います。

哲学者であり教育者でもあった森信三先生や、東洋哲学の大家である安岡正篤《まさひろ》先生など、今も多くの人に読み継がれる本を書いた人たちは、皆、共通してこの「天地自然の理」を解き明かそうとしていました。

松下幸之助氏も、成功の要因は「天地自然の理」を感得することだと書かれています。天地自然の理とは、宇宙全体を律する原理原則があるという考えを基本にしています。ちょっと理解に苦しむと思われる人もいるかもしれませんが、森信三先生の名著『修身教授録』の次の一文をまずは読んでみてください。

思うにわれわれが、人間として真に正しい道を知る叡知は、ある意味では、人間界を打ち越えたところから照射して来ると言えましょう。すなわちわれわれは自分の姿を、われとわが心にはっきりと映す鏡のような心にならない限り、真の正しい道は見えないのであります。

人知を越えたところ、すなわち自己を打ち越えた深みから射してくる光に照らされなければ、自分の真の姿も、正しい道も見えてこないとおっしゃっています。
さらに、次のように記されています。

しかるにわれわれ人間は、自己に対する反省と自覚を欠く間は、この天地大宇宙の間にありながら、しかも天地人生の道を明らかにし得ないのであります。かくしてわれわれ人間は、自己がこの世に生まれ出た真の意義を知り、自らの使命を自覚して、いささかでもこれを実現しようとするところに、人と禽獣との真の本質的な違いがあると言うべきでしょう。

正しい道を知るには、自分自身への反省と自覚が必要不可欠だと説いています。

われ日に三たび我が身を省みる

森信三先生ほか、多くの著名な人が語る「人知を越えたところにある偉大な何か」というのは、科学的に証明できるものではありませんし、誰もがそう簡単に得ることができきる感覚ではないと思います。凡人にそんな感覚はないという人もいるかもしれません。しかし、それでも、少なくとも「反省と自覚」ぐらいはできるはずだと森先生は説いています。

つまり、自分自身を省みる姿勢がない人は、決して正しい道が見えることもないし自分の使命も分からないままだというわけです。

自分を常に省みる――。論語にも、その大切さを説いた有名な一文があります。

われ日に三たび我が身を省みる

これは、孔子の弟子の曾子が言った言葉です。私は、一日に何度も、自分を省みる(安岡先生の解説では、「省」という字は、「かえりみる」という意味とともに「はぶく」という意味もありますから、自分を「かえりみて」、やっていることのうち、本質的でないもの、ムダなものを「はぶく」ということをも意味するということです)。

「三たび」というのは「三回」ではなく、たびたび、何度もといった意味になります

（余談ですが、大手書店「三省堂」の「三省」は、この論語からきています）。

この文には続きがあります。

人の為に謀《はか》りて忠ならざるか、朋友と交わりて信ならざるか、習わざるを伝えしか

何を省みるかというと、次の三つについてです。

他人とのかかわりに、真心がなかったということはないか。

友人とのつきあいに信義に欠けることはなかったか。

（孔子に教わったことを）習熟していないのに教えることはなかったか。

論語は、自分を省みることの大切さを説いているわけですが、これは、自分を振り返ることがいかに難しいかの表れだとも言えます。

人間は、うまくいっているときは、うまくいっているがゆえに省みることすら忘れてしまいますし、うまくいかなかったときは、今度は、自分のせいではないと言い訳したり、相手がいけないと責任転嫁して逃げるため、結局、省みることはないままということとが多いとは言えないでしょうか。

このことに関して、世界数十カ国で翻訳されたベストセラー『ビジョナリーカンパニー②』のなかでは、企業を飛躍的に成長させた経営者の特徴として、以下のように表現されています。

成功を収めたときは窓の外を見て、成功をもたらした要因を見つけ出す。結果が悪かったときは鏡を見て、自分に責任があると考える。

（ジェームズ・C・コリンズ著、山岡洋一訳『ビジョナリーカンパニー②飛躍の法則』、日経BP社）

成功した人ほど、うまくいったときは、「○○さんのおかげだ」「運が良かった」など、自分以外の成功要因を口にすることが多いものです。そして、失敗したときは、決して他人のせいにせず、鏡を見て自分を反省する人が多いというのです。成功した人ほど、我が身を省みる姿勢を持っているというわけです。

しかし、こうした人の方が、ごくわずか。うまくいったときだけ自分の手柄だと思い、失敗したときは他人のせいにするという人の方が多いと思いませんか？　ともすれば、あなたも、私も、知らずにそういうときがあるかもしれません。

正しい考え方を持っている人は、失敗したときや、うまくいかなかったときほど、その原因を自分に求めます。誰かのせい、何かのせいにして罪をなすりつけることは決してしません。

まずは、自分を省みる。

できれば、何度も省みる。

この姿勢の難しさ、大切さを忘れないようにしたいものですね。

ウォーレン・バフェットの生き方

ウォーレン・バフェットという人物をご存じですか？

アメリカの著名な投資家であり、世界最大級の投資会社の経営者でもあります。

同時に、世界有数の慈善家です。投資により兆円単位の資産を稼ぎながらも、資産の大部分を恵まれない人などに寄付しています。

自身の生活は、個人としての年収は十万ドル程度（約一千万円）にとどめ、ネブラスカ州オマハの中流階級の住宅に住み続け、古い車に乗り続けていたという話は有名です。それゆえに、「オマハの賢人」と呼ばれています。

アメリカの富豪番付に一九八五年以来、常にベストテンに入るほどの富豪であるにもかかわらず、贅沢な暮らしもせず大半を寄付してしまうというのは、なかなかできることではないと思います。

しかも、巨額の寄付を行う場合は、これほどの財産を寄付するのなら、自分の名前をつけた財団などに寄付するものですが、彼の場合はそれもしません。資産の約八割以上にあたる約三百七十四億ドル（約三兆五千億円）という巨額の寄付金は、ビル・ゲイツが主宰する財団とその他四つの財団に寄付したのです。ビル・ゲイツの財団に寄付した理由を聞かれて、「彼らの方が慈善活動がうまいからだ」と答えたということです（ただし、これだけの寄付をビル・ゲイツの財団に行いながら、バフェットの投資会社は、ビル・ゲイツのマイクロソフトには投資しなかったという話も有名です。投資家としての仕事での側面は違うというプロ意識の表れだと思います）。

これは、バフェットが、地位や名声などにもたいしたこだわりを持っていないということを示していると思います。先に紹介した西郷隆盛のように、お金にも地位にも執着していないのです。

なぜ、こんな心境に達することができるのか――。それは、西郷同様、バフェットも、国のため、人のためというよほど高い志があるからではないかと私は思います。

彼にとってお金を稼ぐのは、人を助けるための手段に過ぎない。だから、プロの投資家として徹底的に稼ぐという一面を見せる一方、稼いだお金の大半を寄付に回すことを当然のこととしてできるのだと思います。

とはいえ、どんなに正しい考えを持っている人でも、多額のお金を目の前にしたら、ぶれやすくなるとは言えないでしょうか。あれも買える、これも買えるという欲得がうごめいてしまう人の方が多いはずです。

バフェットがそうならないのは、「人のため」という自分の原点を、人生を懸けて実践しているからではないかと思います。

ところで、「今はまだ寄付するほど稼いでないけど、お金を稼いだら寄付するつもり」

などと話す人がいますが、こういう人は、お金を稼いでもまず寄付に充《あ》てることはないと私は思っています。本当に人のために寄付がしたいと思う人は、たとえ年収が低くとも、そのなかから無理のない範囲で行っている、行動に移しているものだからです。

そして、「いつか寄付するつもり」などと話す人に限って、無償でもできるボランティア活動などもしていないというケースが多いものです。「人のため」という原点をもともと持っていないか、希薄なために行動に至るまでにはならないのではないかと思います。

民のために尽くした上杉鷹山

江戸中期、出羽国米沢藩の藩主だった上杉鷹山をご存じですか？

もし、あまり詳しくないという人も、鷹山の言った次の言葉は知っているのではないでしょうか。

為せば成る　為さねば成らぬ　何事も　成らぬは人の　為さぬなりけり

「やればできる。やらなくては何も始まらない。何もできないのは自分がやらないからだ」という意味ですが、鷹山は、まさに「自らが行動する」ということを実践し続け、破綻寸前と言われた米沢藩の財政を立て直した人物です。

『代表的日本人』に登場した西郷隆盛同様、鷹山も、「すべては民のため」という信念を持って人生をまっとうしたからこそ、今も語り継がれている人だと私は思っています。鷹山は、十歳で親戚の上杉家の跡継ぎになり、十七歳という若さで上杉家第十七代当主になりました。当時の米沢藩は、再起不能と言われるほど貧困極まる状態でした。

　このとき鷹山が真っ先に行ったことは、藩主の年間仕切り料（生活費のことです）を、それまでの千五百両から二百九両まで減額する、奥女中をそれまでの五十人から九人へと減らす、食事は一汁一菜にするなどでした。民に無理を強《し》いる前に、まずは自らの処遇から改革したというわけです。

　家来の処遇よりも自らがうんと倹約する。こうしたことを十六年間も続けたそうです。藩主自らが行動を起こし、最も倹約しているとなれば、下の者も、つらくても自分たちも頑張らなくてはと思えるのではないでしょうか。

また鷹山は、当時十五万石の所領を、倍の三十万石までは増やすために農業を奨励し、労役奉仕による大規模な開拓を行うことにしました。そして、侍であっても、平時には農民として働かせるという、これまでの常識では考えられなかったこともやり遂げます。

さらに、領内を全国最大の絹の産地にするため、二百九両まで減額した費用から、さらに五十両を捻出して、そのための必要経費に充てたのです。現在、米沢産の絹織物は、最高級品のひとつになっていますが、当時のこうした鷹山の涙ぐましい努力が礎になっているのです。

緊縮財政を行い、産業振興などにも力を入れた結果、瀕死の状態だった藩財政は、鷹山の次々代に借債完済の運びとなりました。

人のためになるか、ならないか

上杉鷹山は徹底した倹約に努めましたが、いわゆるケチとは違います。

なぜなら、閉鎖されていた藩校を再興して貧しい学生には奨学金を与える、医学校を開校して必要に応じて高価な医療機器でも惜しまずに購入するなど、お金をかけるべきところにはきちんとかけていたからです。

鷹山にとってのお金をかける基準は明確でした。それは、

民のためになるか、ならないか

でした。今、多少苦しい思いをしても、それが人々のため、将来の藩のためになると思えることであれば、できる限り工面をしたのです。

そして、藩校を再興したことからも分かるように、鷹山は、民の教育にも力を入れました。将来を担う人々に、読み書き算盤をはじめとする技（スキル）を教えるのはもちろん、道徳観や価値観など「人の道」を教える大切さを知っていたからです。

先に紹介した西郷隆盛もそうです。若い頃から陽明学の祖である王陽明の書いた東洋哲学書を読み、「自分の情のもろさを抑えるため」に禅の思想も学んでいた西郷は、学ぶ大切さというのを理解していました。

だから、奄美《あまみ》大島で暮らしていたときも、島流しにあって沖永良部《おきのえらぶ》島で過ごしたときも、自ら率先して島民の子どもたちに読み書きを教えていたのだと思います。

上杉鷹山や西郷隆盛のように影響力のある人が正しい考え方を持って、かつ、多くの人に伝えていくというのは、とても大切なことです。彼らの周囲の人も正しい考え方を身につけることになりますから、それが伝播《でんぱ》すれば、地域が、社会が少しずつ良くなっていきます。

私は、上の立場に立つ者こそ、こうした正しい考え方を身につけ、それを伝える、教えるという行動に移してほしいと思っています。

国であれば政治家が、会社であれば上司や経営者が、家庭においては両親が正しい考え方を身につけ、それを信念にまで高めて実践し、国民に、部下に、子どもたちに伝えていってほしいと思います。

上の立場に立つ人が、間違った考え方を正しいと思い込んで突き進んでしまうと、みんなを惑わせ、世の中を混乱させてしまいます。

正しい考え方を身につけ、教える。その姿勢を持つことがなによりも大切なのです。

青年宰相の覚悟

私が正しい考え方を少しずつ身につけることができたのは、安岡正篤先生の著書に拠るところも大きいと思っています。安岡先生は、『論語の活学』『人物を創る』をはじめ、数多くの名著を世に送り出していますが、なかでも、『経世瑣言』は、戦前から戦中の時局を論じた読み応えのある一冊です。

そのなかで、「青年宰相」のくだりがあります。

青年宰相とは、江戸時代の大名で、幕政を担ったときは三十歳だった青年・松平定信のことです。江戸時代の三大改革のひとつ「寛政の改革」を行ったことで有名な人物です。

倹約につぐ倹約だった寛政の改革は、町人、百姓に厳しく、武士を優遇したものと言われ、民衆が定信についていけない部分があるなど、失敗に終わった改革という見方をされています。

とはいえ、定信が、並々ならぬ覚悟を持って組閣に臨んだことは、「青年宰相」からはっきりとうかがえます。

これまでの慣習では、就任披露時、老中となった者は、まず古参の老中に新任の挨拶をし、その教えを受けることになっていたようですが、定信はこうしたことは一切せず、上座に座ってからも一言も発せず、若年寄が挨拶しても、「万事申し合わせ致しましょう」と簡単に答えただけ。場は白けきっていたそうです。

定信の態度は、無礼に映ったかもしれません。しかし、おそらく青年は、緩み切っていた政治を一日も早く建て直さなければならないという使命感に燃え、緊迫感、緊張感をもって政治にあたっていたのではないでしょうか。

それを表したくだりが「青年宰相」のなかに描かれています。定信が就任早々、本所の吉祥院に詣でて血書の願文を納め、自分自身はもちろん、妻子の命も懸けて天下の救済を祈願したというのです。まさに、国のためなら命も惜しまないという覚悟が定信にはあったのです。「不惜身命」という言葉がありますが、まさにそのとおりです。

そして、六年という短い間で失脚することになるにせよ、その間、信念を貫いて、国のためにできる限りのことをしたのではないかと私は思います。

信じた道は覚悟を持って突き進もう

自分の信じた正しい道に全力で挑んでいくためには、松平定信のように、自分はこの道を進んでいくんだと、命をも懸けるほどの覚悟をどこかで決めなくてはなりません。

でも、人は、「このままでよいのだろうか」という迷いが生じやすい側面もあると思います。

論語には、次の有名な一節があります。

われ十有五にして学に志し
三十にして立つ
四十にして惑《まど》わず
五十にして天命を知る
六十にして耳順《したが》う
七十にして心の欲するところに従って矩《のり》をこえず

十五歳で学問の道を志した
三十歳で自立できるようになった
四十歳でこれこそが自分の道だというのが分かりいろいろな迷いがなくなった
五十歳で自分が進んでいる道が、天が自分に与えた使命だということを知った
六十歳でどんな人の話も聞けるようになった
七十歳で心の思うままに行動しても人としての道をふみはずすことがなくなった

孔子でさえも迷わなくなったのは四十歳になってから。四十歳ぐらいまでは迷っていたということになります。

この本を読んでくださる読者が二十〜三十代の方ならば、おおいに悩んで道を探っていけばよいと思いますし、四十代の人であれば、これまで生きてきたなかで、これというものをなるべく早く見定め、五十歳の声を聞く頃には、自分の天命はこうだと自信を持って言えるようになれたら素晴らしいと思います。

いずれにしても、自分の道を定めるときは「これしかない」というほどの覚悟を持って、あとはまっしぐらに突き進んでいきたいものです。

指揮官先頭

歴史上において偉大な人物とされ、今もその名が語り継がれる人は、業績が優れていただけでなく、人として原点と言うべき正しい考え方をしっかりと持っていたからこそ、後世に名を残すまでになったのではないかと私は思っています。

そして、リーダーとして名を馳せた人物に共通しているのが、「指揮官先頭」という姿勢です。

「指揮官先頭」とは、真の指揮官とは、困難な状況に直面したときこそ自らが先頭に立って行動するという意味で、海軍兵学校で厳しく教えられたということです。これを見事に体現したのが、明治時代、日本海軍の司令官として活躍した東郷平八郎元帥です。日清戦争、日露戦争の勝利に貢献していますが、なかでも、日露戦争の最大の山場と言われた日本海海戦においては、その勇姿が今も多くの人に語り継がれています。

日本海海戦で日本が戦う相手は、世界最強と言われたロシア帝国のバルチック艦隊。戦わずして勝つだろうと思われていたロシア軍を、後進国と見られていた日本が破った、それも、圧勝したという事実は世界中に衝撃を与えました。

指揮をとった東郷平八郎元帥は、四〜五時間続いたと言われる海戦の間、旗艦「三笠」のブリッジにずっと立ち続けました。鉄柵しかないブリッジは、一発でも敵艦から砲撃を受ければ即死してしまう場所です。当然、東郷元帥は、死を覚悟して立ち続けました。

なぜ、そこまでできたのか――。それは、日本にとって、日本海海戦で負けることは、極東海域の制海権をロシアに奪われる、すなわち、中国でロシアと戦う日本陸軍の補給路を断たれ、それは、日本の敗戦を意味し、日本はロシアの植民地か属国になることを意味したからです。日本の命運を賭けた戦いにおいて、東郷元帥は、命を懸けてでも国を守ろうと覚悟して指揮をとったのです。

日本軍は、敵がヨーロッパから航海してやってくるまでの半年間の猶予をフルに活用し、敵を迎え撃つべく艦隊行動の演習を行うなど、訓練に訓練を重ねました。そして、いざ開戦になると、東郷元帥は副官以下の幕僚を旗艦の最も安全な場所に移動させ、自らは陣頭指揮をとるためにブリッジに立ち続けたのです。

各艦隊からは、ブリッジに立っている東郷元帥の姿がはっきりと見えました。リーダー自らが覚悟を持って臨んでいる。その気迫は、遠目からでも伝わってきたはずです。隊員一人ひとりの士気が高まったことは言うまでもありません。

真のリーダーは、東郷元帥のように苦しい局面に立たされたときこそ自らが矢面《やおもて》に立ち、指揮官先頭の姿勢で行動すべきではないでしょうか。

私は、一国の首相にしても会社の経営者にしても、指揮官先頭の気概が薄れつつあるのではないかと首をひねることがたびたびあります。それは志が十分高くないからでしょう。そして、正しい考え方という原点を信念や志にまで高めていないからです。今こそ、真の意味でのリーダーが求められているように思います。

余談ですが、日本の首相がこのところ何代も短期間で交代しています。首相としての資質を十分に見極められることなく日本国のトップになったからだと思います。米国では大統領が選ばれる前には、党の候補となるまでの期間を含めて一年以上、候補者の資質が問われ続けます。日本でもそういうプロセスがあってしかるべきではないでしょうか。

第3章
会社として、社員としての正しい考え方

会社にとって、社員にとっての正しい考え方

私は経営コンサルタントとして、これまでに数多くの会社の経営者とお会いしてきました。そして、正しい考え方を持っている経営者のいる会社ほど、社員は生き生きと働き、業績も伸びていることが多いという結論に達しました。

そこでこの章では、良い会社というのは、どのような考え方を持っているのか、そこで働いている社員はなぜ生き生きと働くことができるのかなどについてご紹介し、良い会社の条件について探るとともに、働く上での正しい姿勢について考えていきましょう。

まずはじめにお伝えしておきたいことは、良い会社というのは、正しい考え方をもとに作られたビジョンや理念を持っているということです。そしてそれが社員に浸透しているということです。

ビジネスにおける正しい考え方とは、お客さまのため、社会のために良い商品やサービスを提供し続けることなどを指します。ビジョンや理念は、それをベースに作られていることが多いと思います。

ただ、大切なことは、それらのビジョンや理念をそこで働く人たちが信じているかどうか、行動においても徹底されているかどうかということです。ただ、お題目のようなビジョンや理念があってもダメです。そして、経営者が、儲けるためにはビジョンや理念が必要で、そのためにビジョンや理念を掲げているようでは本末転倒です。ビジョンは会社の目的、存在意義だからです。

皆さんの会社にも、ビジョンや理念はあると思います。

あなたは、それをすらすらと言うことはできますか？

もし、忘れてしまった、あるいは、一応は言えるものの普段はほとんど意識していないという場合は、あなたの会社のビジョンや理念というのはお題目に終わっている可能性が高いと思います。

ビジョンや理念は、掲げただけでは意味がないんです。

一人ひとりの社員に浸透して、初めて活きるのです。

ビジョンや理念が一人ひとりの社員に浸透している会社には活気があります。

なぜなら、みんなが、そのビジョンを信じて、良い仕事をしようと頑張るため、良い風土や文化が生まれやすくなるからです。

正しい考え方を持った経営者ほど、ビジョンや理念の大切さを実感していますし、それを社員に伝える努力を怠りません。正しい考え方をみんなで共有している会社は、お客さまに喜ばれる商品やサービスを提供し続けることができると言えるのです。規模の大小に関係なく、こうした姿勢を貫いている会社が、良い会社へと成長していくのです。

原点に立ち返れば見えてくる

つまり、企業においても、これまでの章で話してきた、正しい考え方という原点が必要で、それが信念として根づいているかどうかが重要なのです。企業も人の集まりですから、まったく同じことが言えるのです。

そして、ビジョンや理念という考え方の原点があり、それが浸透している会社は、何かしらの大きな決断をしなければならないときほど、原点に立ち返っているという特徴があります。

その具体例について、パナソニックを例に見ていきましょう。

パナソニックのビジョンの根本には、産業人としての本分に徹し、国に報いようという「産業報国」の精神があります。これに加え、創業者・松下幸之助氏自身の「水道哲学」という経営哲学があります。

旅人が、たまたま通りかかった家の庭先にある水道からコップ一杯の水を飲んでも、まず咎《とが》められることはありません。それは、全国津々浦々に水道が普及していて、安価で良質な水が飲めるからです。水道水のごとく、安価で良質な家電製品を全国津々浦々のお客さまに行き渡るようにしよう。これが、「水道哲学」の基本的な考え方です。

同社は一九八〇年代後半から九〇年代にかけて、ユニバーサル・ピクチャーズを有するエンターテインメント総合企業のMCAを六千億円以上かけて買収しました。

しかしわずか五年後には、その会社をカナダの飲料メーカーに売却してしまいます。

買収当時は、バブル全盛期。パナソニックは、将来性を見据えたうえで映画会社を買収したものの、家電と映画という畑違いの分野だったことや、その後、バブルが崩壊したこともあり、業績不振に陥ってしまいます。

このとき、それでも映画会社を保有し続けるという選択肢もあるなかで、見切りをつけたのはなぜでしょうか。事実、ライバルのソニーは、松下と同時期に買収したコロンビアピクチャーズ（現・ソニーピクチャーズ）を持ち続けました。

それは「産業報国」という精神、創業者の「水道哲学」という経営哲学に立ち返ったからにほかなりません。新しい分野にいつまでもこだわるのではなく、家電という自分たちの本来の領域に戻って、お客さまのために「水道哲学」を追求することを最優先に考えたのです。だから、三千億円もの損失を出してでも映画会社を手放したのです。

「松下」の名前を外しても守るべきもの

また、パナソニックは、二〇〇八年にそれまでの松下電器産業という社名をパナソニックに変更するという大きな決断もしています。このときも、同社は、ビジョンや理念に立ち返って正しい選択をしたと言えます。

パナソニックの創業者は、「経営の神様」と言われる松下幸之助氏です。社名を変更する話が持ち上がったとき、「松下」という部分は絶対に残したいという意見はあったと思います。長年、慣れ親しんだ「ナショナル」という名前に愛着を感じ、それを使いたいと思った人もいたかもしれません。

では、なぜ「松下」でもない、「ナショナル」でもない、「パナソニック」という名称に変更したのでしょうか。

私は、それこそが、「お客さまのため」を貫いた結果だったと思っています。

グローバル社会においては、今後ますます、日本のお客さまだけではなく世界のお客さまもターゲットにして、「水道哲学」の精神を発揮していかなくてはなりません。「世界のお客さま」にスポットを当てたとき、最も知名度があるのは「パナソニック」。だから、変更したのではないでしょうか。

このように**大きな決断をするときこそ大切なのが、原点に立ち返ること**なのです。

「松下」の名前を残したいという思いで揺れ動くのは分かります。でも最終的には、産業報国や水道哲学に照らし合わせて考え、世界のお客さまのために「パナソニック」にすべきという結論に達したのです。

ところで、松下幸之助氏が亡くなり、「松下」という名前がなくなったからといって、彼の築き上げた会社の社風まで失われたわけではありません。「松下イズム」なるものは、今でも、しっかりと社員に受け継がれています。

それが分かるのが、パナソニックの社員に会ったときです。

同社の社員に会うと、口グセのように「何かお役に立てることはありませんか？」と聞いてくれるのです。これは、「産業報国」の精神をはじめ、正しい考え方が一人ひとりの社員に根づいていることにほかなりません。社名は変わっても、「松下イズム」は確かに受け継がれているのです。

変えるべきもの、変えぬべきもの

ビジョンや理念に立ち返ると、判断に迷うことでも正しい選択ができるようになります。正しい選択とは、

何を変えるべきか、何を変えぬべきか

あるいは、

何を守るべきか、何を守らぬべきか

について、見極められることを意味します。

二〇〇二年、パナソニックは、国内外の社員一万三千人を対象に早期退職を実施しました。八十年を超える同社の歴史のなかでこんなに大規模なリストラを実施したことはなかったため、社内外から厳しい声が上がりました。

それでも同社は、一部の社員を断腸の思いで切りました。

このとき、同社は、ある選択を迫られていました。

それが、「社員をとるか、お客さまをとるか」というものでした。

今まで、頑張ってきてくれた社員を辞めさせたくはない。でも、このままでは業績がますます悪化し、お客さまに良い商品やサービスを提供し続けることが難しくなってしまいます。

ここで立ち返るべきことが、ビジョンや理念です。

パナソニックの「産業報国」の精神は、産業人としての本分に徹し、国に報いようというものです。「水道哲学」は、全国津々浦々のお客さまに良質な家電製品を提供することです。それに照らし合わせたとき、社員を切ってでもお客さまのためを貫く選択をしたのです。

会社が存在するのは、お客さまがいてくれるからです。

お客さまがいてくれるから、商品やサービスが提供できます。

お客さまがいなければ、商品やサービスは売れませんから、会社は潰れてしまいます。

私は、働く人や株主を軽視しろと言っているのではありません。お客さまに対し、良い商品やサービスといった、お客さまから見た価値を十分に提供し続けている限り、その結果として、働く人や株主にも恩恵を与え続けることができるのです。そういった意味では、パナソニックは、お客さまに対する価値を与えるという原点を、ある時期、少し見失っていたのかもしれません。どんなに良い組織でも、放っておくと内部志向という病魔にむしばまれていくものです。本来なら、もっと早く手を打つべきだったのでしょう。それをある時点まで放置してしまったのです。慢心もあったかもしれません。

そう考えれば、一部の社員に辞めてもらってもお客さまを守るのは、苦渋の決断ではありますが、正しい選択だったと私は思っています。

もちろん、一万数千人もの社員を切る前に、もっと早くから対策を講じるべきだったなどの反省はすべきだとは思いますが、会社が岐路に立たされたとき、真っ先に考えるべきはお客さまのこと。つまりは対外的な価値を創り出すこと。この軸は、どんな会社もぶれてはいけない部分だと思います。

実際、同社は、大規模なリストラ後、業績はV字回復を果たしています。

ちなみに、パナソニックは、二〇〇九年にも約一万五千人のリストラ策を発表しています。当時は、パナソニックに限らず、世界同時不況という外的要因のあおりを受けて急速に業績が悪化し、人を切らざるを得ないという企業はたくさんありました。

今も苦しい立場に立たされている会社は少なくないと思いますが、しんどいときこそ、会社のビジョンや理念という原点に立ち返り、「お客さまのため」に何を変えるべきか、何を変えぬべきかを考えていけば、必ずや業績は上向いてくると思います。

そして、もうひとつ、パナソニックらしいのは、事故を起こす恐れのあるファンヒーターの回収をいまだに行っていることです。もう十年以上も前に発売を中止しているファンヒーターです。全国の家庭に葉書を出し、長い間テレビで回収を促す放送をしていましたが、今でもそれを続けています。このことは後に説明します。

政治も何を変えるべきか、変えぬべきか

「何を変えるべきか、何を変えぬべきか」を見極めなければならないのは、政治も同様です。

会社の場合、中心に据えるべきは「お客さま」ですが、政治の場合、それは「国民」になります。

では、政治の目的は何でしょうか。私は、政治の目的は「国民を幸せにすること」にあると思います。政治は国民を幸せにするための手段だからです。

ということは、政治において「何を変えるべきか、何を変えぬべきか」を見極めるときは、それを変える方が国民の幸せになるのか、それとも、変えない方が国民の幸せになるのかについて考えなければならないということになります。多くの考え方の国民が

いるので、簡単にそれを決定することはできませんが、少なくともそれが原点であるはずです。

その意味では、私は、たとえマニフェストに掲げた公約があったとしても、それが国民を幸せにしないと判断された場合には、実行しないというのも選択肢のひとつだと思っています。なぜなら、マニフェストそのものは、国民を幸せにするための方法論に過ぎないからです。

誤解しないでほしいのですが、私は、マニフェストを軽視しているわけではありません。マニフェストに書いてあることを判断して、国民は政党や政治家を選ぶわけですから、本来的には守らなければならないものです。守らないということは国民を裏切ることになってしまいます。

そして、本来マニフェストは、掲げたすべての事柄を実行しなければならないし、マニフェストに掲げる前に、それが実行可能なものかどうか、十分に検討、検証するべきものだとも思います。

しかし、時間がたってみたら、当時とは事情や情勢が変わり、それを実行してしまうと、かえって国民の幸せが遠のいてしまうというケースもあると思うのです（政権取得後数カ月で変えるというのは、事前に検討や検証をしていないということで、もちろん論外ですが、急場で作ったマニフェストの場合には、それに固執しない方がいい場合もあることは事実です）。

あくまでも、政治の最大の目的は国民を幸せにすることです。国民の幸せにならないことが分かったときは、いったん見合わせる方が結果的に良い場合もあるとは言えないでしょうか。もちろん、マニフェストを守れなかった場合は、国民に真っ先に謝罪し、なぜ守れないのか理由をしっかりと説明し、その後の状況については逐一国民に報告する義務があるのは当然のことです。

マニフェストに限らず、政治においては、どんな場面においても「国民の幸せになるのか、ならないのか」を原点に考えていけば、激しくぶれることはないはずです。党利党略や一部業界のためなどであってはいけないのです。ましてや、自分の蓄財や不動産取得というような浅ましいことなどもってのほかなことは言うまでもありません。

しかし、今の政治がこんなにもぶれてばかりだということは、「国民を幸せにする」

という原点が希薄になっており、政治家自身の正しい考え方についての勉強や信念が足りないのではないかと思わずにはいられません。政治家ではなく政治屋みたいなのが横行しているのです。

ただ、そういった政治屋や、そこまでひどくなくとも正しい考え方や信念を持っていない政治家に投票する国民にももちろん問題があります。

正しい考え方を伝える姿勢を持つ

政治の話になると、少し熱くなりますね。話を企業に戻しましょう。

良い会社は、ビジネスにおける正しい考え方を、社員に伝える、教える大切さを理解しています。

あなたの会社は、社員教育に力を入れていますか？

仕事に必要な知識や技術、態度などを教えるＯＪＴ教育を行っている会社はたくさんありますよね。ＯＪＴも大切な教育のひとつなのですが、ここで言う社員教育とは、会社のビジョンや理念をはじめとする「正しい考え方」について、一人ひとりの社員に教える場を設けているかという意味です。先にも話したように、現在の学校教育では正しい考え方や道徳を十分に教えてはいないと私は考えています。年齢的には少し遅きに失しますが、企業での考え方についての教育が非常に重要です。そして、ビジネスにおける正しい考え方は企業においてしかできないのです。

ビジョンや理念の大切さを理解している会社は、それを社員に伝える努力を惜しみません。

ルームエアコンをはじめ空調機の構造設計、開発を行うダイキン工業は、家庭用ルームエアコンの分野でパナソニックに次いで国内第二位の会社です。

私は、ダイキン工業の強さの秘密を知りたいと思い、同社の元社員に話をうかがいに大阪まで行ったことがありました。

その答えが、社員教育にありました。

ダイキン工業は、鳥取県にある研修施設に新入社員を集め、毎年、数週間の研修を行っているそうです。大企業であれば、二〜三週間ほどの研修期間を設けること自体は、さして珍しいことではありません。

他社と異なるのは研修の中身です。

同社では、先輩社員と新入社員が車座になり、新入社員に「働く意義」を徹底して考えさせるのだそうです。同時に先輩社員は、ダイキン工業がどんなに素晴らしい会社か伝えていくといいます。何時間もディスカッションするそうです。

「あなたは何のために働いているのですか？」

先輩社員にこう尋ねられると、特に新入社員の頃は、こんなふうに答える人は多いと思います。

「良い車を買いたいから」

「お金が欲しいから」

要は、金儲けのために働くと答えるわけです。

先輩社員は、働く目的は、金を儲けるためではなく、お客さまに良い商品やサービスを提供して、社会に貢献するためだということを教えていきます。「お客さまのため」を徹底することは慈善事業でもきれいごとでもない。お客さまのためを貫けば、結局は多くの人から喜ばれ、売り上げや利益に反映されるから、結果として社員の給与も上がるなど、自分にも跳ね返るのだということなどを説いていくそうです。

このように伝える大切さを理解している会社は、正しい考え方を時間をかけてでも社員に話し、みんなで共有するしくみ作りを整えています。こうした会社が良い会社、強い会社になるのだと思います。

今ここで「伝える」という言葉を何度か使いましたが、皆さんは「教える」と「伝える」の違いをこれまで意識していましたか。教えるとは頭で理解したことを相手に分からせることです。技術的なことや会社の規則などは教えることです。

一方、伝えるのは気持ちや考え方です。伝えるべきことを教えても、相手は動きません。伝えるべきことは、頭で理解するにはそれほど難しいことではないのです。約束を守る、お客さまに良い商品やサービスを提供する、目の前の仕事に精一杯で取り組む、などです。頭の良い人はすぐに分かりますが、頭で分かっているだけでは、相手にはそれが伝わらないのです。相手に伝えるには心で分かることです。心で分かったことは、自分で信じて実行するようになります。教えることももちろん大切ですが、伝えることができるようになることも大切です。

言い方を変えると、意味は教えるもので、意識は伝えるものなのです。

こうして考えると、正しい考え方がなかなか伝わらないのは、教育の場でも、政治の場でも、そして職場でも、それを信じて実行している人が少ないからなのかもしれませんね。

人を育てる

社員教育をはじめ、人を教育するにはお金も時間もかかります。すぐに目に見える効果が現れるわけでもないので、二の足を踏む会社は多いと言えます。

しかし「人財」と表現する会社もあるように、人を育てることは、それが会社のかけがえのない財産になり、結局は会社の業績を良くすることにつながるのです。そして、長い時間をかけて築いたものは、土台ですから、なかなか崩れません。

パナソニックでは、毎年一月十日、本社のある大阪府門真市にある同社の体育館で、全世界から経営幹部を集めて経営方針発表会を開催しています。

同社の全世界の社員数は約三十万人。巨大企業ですから、経営幹部だけでも何千人になるのですが、それだけの人数を一堂に集めるというのは、ビジョンや理念の必要性を感じない会社にとっては、「時間とお金のムダ」としか思えないことです。

でも、正しい考え方を一人ひとりの社員に浸透させる大切さを理解している会社にとっては、社員教育、特に意識を伝えることは必須のものです。だからこそ、毎年開催しているのです。

これに限らず、同社ではさまざまな研修制度も設けています。製品の作り方や品質管理、安全管理についての技術的な研修も多数ありますが、このとき、必ず一コマ分、パナソニックの基本的な考え方という授業も用意しているそうです。

さらに、毎日、朝礼や昼礼などを行う習慣も続いています。「産業報国」をはじめ、「公明正大」「和親一致」などパナソニックの七つの精神を唱和し、ラジオ体操などを行っています。

このように**一人ひとりの社員にビジョンや理念が浸透するように努力を怠らないから、巨大企業でも社員の意識を共有することができる**のだと思います。

生前、松下幸之助氏は自社の社員に「松下電器が何を作っている会社かと尋ねられたら、人を作っている会社です。あわせて電器製品も作っていますと答えなさい」と言ったそうです。

ダイキン工業然《しか》り、パナソニック然り、良い会社ほど、人を育てることに主眼を置いています。人の考え方の大切さ、正しい考え方を持ったときの強さを知っているからです。

働きがいを持つと、仕事が楽しい！

私は講演などで、「毎日、ルンルン気分で出社していますか？」とお尋ねすることがあります。あなたは、どうですか？

毎日、楽しい気持ちで仕事をしているか——。このことは、実は、会社が正しい考え方を持っているかを測るバロメーターになるほど重要なことだと私は思っています。

楽しいと思って働いている人は、「働きがい」を感じながら仕事をしています。

働きがいとは、その名の通り、働くことに意義を見出すこと。自分の会社の商品やサービスがお客さまのため、社会のためになっていると実感できれば、やり甲斐を感じて、ますます頑張ろうと思えますよね。社内の事務をしている人なら、周りの人や働く仲間に喜んでもらっていると思うと楽しいですね。これが、働きがいを持つということです。もちろん、働きがいを持って楽しく働けば働くほど、周りから認められ、業績が上がりますから、お給料や地位も上がりやすくなり、さらに、やる気が出るものです。

働きがいを感じている人は、残業が続く日でも、それが周りから認められ、また、お客さまや同僚のためになるならという気持ちで頑張ることができますし、毎日、会社へ行くのも自然にルンルン気分になるものです。

そして、働きがいを持っていると、「自尊心」や「自負心」が芽生えてきます。

自尊心とは、自分はかけがえのない存在だと思う気持ち、自負心は、自分ならきっとできるという気持ちのことです。心理学的には、この自尊心と自負心を持つときに、人はエネルギーが湧き起こると言われています。働きがいを持っている人が、楽しそうに、かつ、パワフルに仕事をしていることが多いのはこのためだと思います。

一方、お金や地位だけで評価される会社で働いている人は、働きがいを感じることは難しいと言えます。

最初はお金や地位をモチベーションに頑張ることができますが、それだけでは途中で息切れしてしまいます。そういう会社では、「お金を稼ぐ人が偉い」という風潮が蔓延しているため、もっと稼がねば、もっと結果を出さねばという気持ちだけで働きますから、どんどん疲れてしまいます。

私には、特にここ最近は、ルンルン気分で働いている人を見かけることが少なくなったように思えるのです。電車に乗ったときに居合わせた人や、街を歩いているときにすれ違う人などを見ていると、生き生きとしている人よりも、疲れたような表情をしている人の方が多いように思えるのです。

仕事が楽しい、人生が楽しいと思っている人は溌剌《はつらつ》としており、それが自然に表情にも表れるものです。

もしも、とてもじゃないけどルンルン気分で会社には行かれないと感じている人は、せめて自分だけは正しい考えを持って、お客さまのために良い仕事をしようという気持ちを持ち続けて働くことです。そうすれば、少なくとも、周囲がお金に溺れるようなときでも、過剰にそれに振り回されることなく過ごすことができると思います。

ただ、厳しいことを言うようですが、「良い仕事」というのは自己満足ではダメです。お客さまや周りの人が認めてくれるくらいの良い仕事です。そのためには、普段からの努力が必要なことは言うまでもありません。準備なくしてチャンスを活かすことができないのと同様、日頃からの修練なしに、気持ちだけでは良い仕事はできないのです。良い仕事をしたいと思うなら、それなりの準備をしておくことです。十分な準備や能力があって、良い仕事をしようと思いそれができるようになったときに、はじめてルンルン気分で会社に行き続けるようになるのです。

単に誉めることの大切さ

突然ですが、あなたは、会社でよく誉《ほ》められますか？

ここで言う「誉められる」とは、「来月も売り上げを上げれば昇進も視野に入るからね」などと、お金や地位で誉められるというだけの意味ではありません。何かしらのご褒美をあげるという意味でもありません。

「あの仕事をやってくれて有難う」など、何かしたことに対して「誉められる」という意味です。売り上げに貢献したときだけ、契約をとれたときだけなど、結果だけを基準に誉められるのではなく、仕事をしてくれたこと、手伝ってくれたことなどに対して単に誉められるという意味です。

「そんなくだらないことで、いちいち誉められるわけがない」と思いましたか？　それはあなたが勤めている会社が本当の意味で良い会社ではないからです。結果だけを求める冷たい会社です。もちろん、プロですから、結果を出さなければなりませんが、結果でしか誉めてくれないのは良い会社ではないのです。

これは「くだらない」ことではありません。何かしてくれたことに「有難う」「よくやったね」と感謝したり、単に誉める。これがいかに大切かを分かっている人がいる会社は良い会社です。それが社風に定着すれば、働く人にもより一層の働きがいが出ます。

私の知っているある会社では、社員を単に誉める社風が浸透しています。例えば、

「〇〇さん、毎朝、机を拭いてくれて有難う」

「〇〇さん、この前は仕事を手伝ってくれて有難う」

「〇〇さん、おいしいお茶を入れてくれて有難う」

といった内容の誉め言葉を大きめの付箋に書いて、それを社内の食堂の壁にペタペタと貼っているそうです。

これはまさに単に「誉める」だけです。どんな会社でも今日から実行できることです。誉める対象者は、一番売り上げを上げた社員や、一番契約のとれた社員だけ。仕事をしたプロセスは一切評価されず、お金や地位で結果しか評価しない会社では、社員は次第に疲れてしまいます。場合によっては、プロセスを無視し、周りの人の迷惑を考えなかったり、犯罪行為にまで及ぶこともあります。

子どものことも、たくさん誉めよう

「机を拭いてくれて有難う」「仕事を手伝ってくれて有難う」と誉める社風が浸透している会社は、「良い仕事をすること」を目的に仕事をしている会社です。

こうした会社は、売り上げを上げた社員も誉めますが、机を拭いてくれた社員のことも、仕事を一生懸命に手伝ってくれた社員のことも、同じように誉めます。良い仕事をしてくれたことに変わりないからです。

こうした会社で働いている社員は、一日に何度も、いろんな人から誉めてもらえることでしょう。誉められて嬉しくない人などいません。「こんなことまで誉められた」という気持ちは、「もっと良い仕事をしよう」というやり甲斐に結びついていくものです。「働きがい」についてお話ししましたが、まさにこの働きがいを高めることにも直結すると言えます。

誉められることとは、やる気を喚起させることにつながります。誉められたら嬉しい、だから、もっと会社のために頑張りたいと思えます。毎日、楽しい気持ちで仕事ができるようになり、働きがいが高まるというわけです。

単に誉める。これは、家庭においても同じことだと思います。

あなたは、テストの点数が良いときだけ子どもを誉めるということはありませんか？

確かに、テストの点数が良いというのはそれだけ頑張った証ですから、存分に誉めるべきです。でも点数が悪かったとしても、授業中、先生の話を真剣に聞いて一生懸命ノートをとっていた子もいます。宿題を欠かさずやっていた子もいます。こうした日頃の勉強に対する姿勢や、生活態度についても、「よくやったね」と誉めるべきだと思いませんか。

家庭においては、親の手伝いをしてくれたこと、兄弟の面倒を見てくれたことなど、単に誉めることならいくらでもあるはずです。一家の大黒柱であるお父さんだって、奥さんに「もっと稼いできて」とガミガミと言われるより、「毎日、元気で働きに行ってくれて有難う」と笑顔で感謝された方が、やる気もみなぎりますよね？　こんなふうに、家族に誉める風土なるものが浸透していけば、みんなが、明るく前向きな気持ちで生きていけると思いませんか。

何かしてくれたことに対して、まずは誉める。単に誉める。

あなたにも、今日からできることです。

意味と意識の違い

ところで、先にも少し触れましたが、皆さんは、「意味」と「意識」の違いを深く考えたことはありますか？

例えば、パソコンのメールをチェックすると、こんな内容のメールが届いていることがあると思います。

「〇〇してください」

「〇〇はどうなりましたか」

「〇日にお会いできますか？」

インターネットが普及したことで、多くの人が、昔よりもコミュニケーションがスムーズになったと思っているかもしれません。

確かにメールは便利なツールです。CCなどの機能を使えば複数の人に同じ内容のメールを大量に送ることもできますから、「意識の共有が図りやすくなった」と思っている人も多いかもしれません。

しかし、これは大きな誤解です。

こうしたメールの大半は、単に「意味」を伝えているに過ぎないからです。

「意識」とは、「考え方」のことです。良い会社は、正しい考え方を社員に伝え、みんなで意識を共有することに努めています。

お客さまのために良い仕事をする大切さや、自分たちの会社はどんなに素晴らしい会社なのかについて、経営者が上司に、上司が部下に想いを伝え、日頃から意識の共有に努めれば、いざというときに「お客さまのためだから頑張ろう」「好きな会社のためだから頑張ろう」と、社員は動いてくれるものです。

しかし、インターネットの普及で「意味」ばかりが以前より格段に多くやってくるようになったことで、意識の共有を図るのはますます難しくなりました。

「今日、何をする」「明日、誰と会う」「何時に、どこで、何をする」という意味に追われる生活になり、肝心のお互いの意識はバラバラなままということになりがちです。

意識の共有を心がけよう

昔の方が良かったなどと言うつもりは毛頭ありませんが、昭和三十年代の高度成長期の頃は、意識の統一が図りやすい側面があったのは事実だと思います。

当時の日本人は、「戦後ようやく復興しつつある日本を、世界の一流国にするんだ」「社会を発展させよう」「もっと豊かになろう」といった意識が、会社という枠を越え、国民全体にあったからです。だから、忙しくても頑張れました。

その結果、あれよあれよという間に先進国の仲間入りを果たすことができました。生活はどんどん豊かになり、精神的にも充足しました。

しかし、今は違います。

物質的には非常に豊かになり、社会は成熟しました。成熟すること自体は良いことですが、その結果、みんなの共通の意識であったはずの「経済的にも、精神的にもより豊かになりたい」という想いは希薄化し、「お金さえ儲かればそれでいい」あるいは「適当に暮らせればそれでいい」という考え方が蔓延してしまいました。みんなで意識を統一して、同じ方向に向かって頑張ることが難しくなっていると言えるのです。社会が成熟しているので、国民の意識統一は難しいと思いますが、会社の中がそうでは、力が出ません。社内の意識は統一する必要があるのです。

意識を共有するのは何も難しいことではありません。日々の挨拶をする、ときには雑談をする、みんなで飲みにも行く。そして、朝礼や経営方針発表会など、あるいは懇親会などで、経営者や上司などが、社員に正しい考え方や、会社の良いところなどを伝えるようにする。こうしたことの小さな積み重ねで、みんなの意識は共有させることができると思います。

モノが溢れ、ともすれば、モノに溺れてしまう今の時代だからこそ、より一層、正しい考え方をベースにした意識の共有を心がけておきたいものです。

余談ですが、社内旅行なども有意義です。私の会社は社員八人の小さな会社ですが、このところは毎年社員旅行を行っています。「若い人もいやがらずに来ますか？」と外部の人から聞かれたことがありますが、「社内旅行に来たくない人は、会社にも来なくていい、と言ってあります」と答えたら、質問された方は唖然とされていました。

当社のような小さな会社は家族のようなものだと私は考えていますから、仕事だけしに来ればそれでいいというものではありません。だいたい、そんな考えの人はたいした仕事もできません。仕事や会社を好きになってこそ良い仕事ができます。社内旅行がいやなら、会社を辞めて社内旅行のない他社へ行ってもらった方がよいと私は考えています。私たちの会社を好きでない人に来てもらいたくないからです。

高い意識が継続を生む

「お客さまのため」や「社会に貢献する」といった高い「意識」を共有している会社は、結果として売り上げや利益が出ています。そして、「意識」の高い会社は、それを「徹底」して「継続する」という特徴があります。

成長性が鈍化していると言われるコンビニ業界ですが、その中でも収益力において別格なのが、セブン-イレブンです。同社の一店舗あたりの売り上げは、他社のコンビニに比べて二割以上も多いのです。

でも、「コンビニなんて、どこも同じ」と思っている人は多いのではないでしょうか。どこも同じように雑誌が並んでいますし、日用雑貨や食品、飲料が並ぶコーナーがあるなど、確かに、品揃えや配置などに大差があるようには思えません。

では、なぜ、セブン-イレブンは、ここまで強いのでしょうか。

私は、それこそが、「意識」の共有の差だと思うのです。

セブン-イレブンは、週に一回、本社でスーパーバイザー会議を行っています。毎週欠かさずに行っているのですが、おそらく、その期間は二十年以上にわたり、千回以上は行っているはずです。

まさに、ここが、意識の差です。

セブン-イレブンが、毎週一回の会議を欠かさずに行うことができるのは、お客さまに喜ばれる商品を提供し続けるためには会議が不可欠だという「意識」が、強いリーダーシップのもとで社員全員に共有されているからだと思います。

そうでなければ、全国から毎週のようにスーパーバイザーが集まることなどできません。ましてや、続けることなどできません。よほど高い意識がリーダーや社員にあるはずです。

もちろん、週に一回の会議を開くのは、他のコンビニでもできるでしょう。

しかし、それを十年、二十年と長いスパンで続けるのは、よほど社員の意識が共有されていないとできることではないのです。他社のコンビニのリーダーや社員は、そこまで高い意識がない。だから続かないのだと思います。

たかが週に一回、されど週に一回。どんなことでもそうですが、「やり続ける」というのは、よほど意識が高くなければできません。

「紙一重の努力」を積み重ねよう

こうした意識の差は、実は、店員の接客態度、品揃えの豊富さ、商品の鮮度、お店の清潔度などの〝ちょっとした差〟として現れるものです。セブン‐イレブンのお店では、欲しいものの品切れが少ない、入口においてある灰皿の周りにタバコの吸い殻が落ちていない、などと感じたことはありませんか？

心を込めてお客さまに接しよう、できる限りお客さまの要望に応えられる品揃えにしよう、どのお店よりもきれいにしようという「意識」は、セブン‐イレブンで働く社員には「徹底」され、かつ「継続」されています。

これらの要素が、他社のコンビニにはないとは言いません。でも、セブン‐イレブンほど高い意識はない。だから、セブン‐イレブンの店員さんに茶髪や金髪の人はいないけれど、他社のコンビニにはいる。こうした、ちょっとした差に現れ、いつしか大きな差になるのだと思います。

コピー用紙の一枚の厚みは、わずか〇・一ミリ程度です。

でも、それを百枚積み重ねたら、けっこうな厚みになります。

セブン‐イレブンが行う、週に一回の会議も同様だと思います。たかが、週に一回。されど、それを積み重ねたら百回になり、千回になる。その千回は、意識を共有し続け、努力を積み重ねた、厚みならぬ「重み」になるのです。

これは、一人ひとりに当てはめてみても同じことです。

お客さまのため、社会のためという高い意識を持って、それを行動に移している人は、日々の地道な努力を積み重ねています。日々の努力とは、今、目の前にある仕事に全力で取り組むということです。

目の前にある仕事は、自分のやりたいことばかりではありません。伝票の勘定や切手貼りなど単純作業を任されるときだってあるでしょう。でも、こうした仕事を嫌がらずにできる人こそが、高い意識を持っている人だと思います。〝花形〟と呼ばれる仕事だろうが、単純作業の仕事だろうが、「良い仕事をしている」という点から見れば、まったく同じことだと知っている人だからです。

単純作業だからと適当に千回分こなすか、単純作業でも「これも大切な仕事のひとつだし、少なくとも自分の勉強になる」と捉えて真面目に千回取り組むか。これは、その人の生きる姿勢にもつながっていくことだと思います。

和気あいあいの会社はやる気を阻む

ここでまた、質問です。
あなたの会社の雰囲気は、次のどちらに近いですか？

和気あいあいの雰囲気がある
切磋琢磨する雰囲気がある

「和気あいあい」の雰囲気の会社は、居心地が良い、社員が働きやすいというイメージがある人もいるかと思います。しかし、会社の正しい社風は、「和気あいあい」ではなく、「切磋琢磨」です。
私は、和気あいあいの会社に潜む弊害を幾度となく目にしてきました。どうしても内部志向になるからです。

「みんなで仲良く」という雰囲気のある和気あいあいの会社は、実力のある人が突出した能力を発揮することを好みません。実力のある人が、実力のない社員のレベルに合わせながら仕事をせざるを得なくなるため、生産性も落ちてしまいます。できる社員のやる気をはばむのです。

失礼を承知で言えば、たいていこうした会社は、経営者や幹部たちの実力がたいしたことがないことが多いのです。できる社員に能力を発揮されると、自分たちに能力がないことがたちまちバレてしまう。だから、「和気あいあい」を大義名分にして、なあなあをよしとしていることが多いのです。

和気あいあいの会社は、「内部志向」になるのです。

「みんなで仲良く」が社風ですから、お客さまよりも、社内の人間にどうしても目が向いてしまうのです。社員の顔色をうかがって行動することが多くなり、何か問題があっても、「言わない方が無難」という心理が働きやすくなってしまいます。

すると、例えば、お客さまから建設的な意見をもらっても、「これを言うと、あの社員のメンツが潰れてしまう」などと考え、せっかくの貴重な声があっても隠してしまうということが起こり得ます。クレーム対応でも同じです。表面的な社員の和ばかり優先してしまうのです。

こうしたことが常態化すると、一六三ページでも紹介するような、クレーム発生時に、それを握りつぶしてしまうというようなことも起こり得ます。もちろん、私は足の引っ張り合いをしている会社が良いと言っているのではありません。それは最悪ですが、和気あいあいも大きな問題を抱えているのです。

切磋琢磨しあって、選ばれる会社になろう

一方、切磋琢磨の社風のある会社で働いていると、「あの人が頑張っているんだから、私も」と、やる気がみなぎります。

社員同士のライバル意識は芽生えますが、ここで言うライバル意識とは、誰かを蹴落としてやるというような「弱肉強食」の発想ではありません。お互いが「良い仕事をしよう」という目的に向かって切磋琢磨していく、高い志を持った人同士の意識を指しま

す。

「良い仕事をする」という高い志を持っている人たちは、日頃はライバル同士でも、社員が困っていたら率先して助けます。なぜなら、彼らは、自分が儲けるため、名声を得るために働いているのではなく、良い仕事をするために働いていますから、誰かがつまずいたら協力しあうことは当然の意識として持っているのです。

先ほど「弱肉強食」という言葉を使いましたが、私は、ビジネスも人生も「弱肉強食」ではなく、「優勝劣敗」だと思っています。すなわち、ライバルを蹴落とした会社が勝ち残るのではなく、お客さまにとって最適だと思われて選ばれた会社だけが残ると思っています。

どんなに不況になろうと、どんな時代になろうと「優勝劣敗」の法則は、普遍的なことのひとつだと私は思います。相手を蹴落としてやるという発想ではなく、**どうにかして他社よりももっと良い商品を提供して「選ばれる会社」になろう、少しでも人生の目的に近づいて「選ばれる人」になろうという高い志と、強い想いが求められる**と思います。

そうであれば、会社も個人もどんどん発展し、世の中も発展していくのです。相手を蹴落としても、一時は良いかもしれませんが、そこには発展はなく、自分もどこかで蹴落とされるだけなのです。

「弱肉強食」ではなく「優勝劣敗」。この気持ちを忘れずに、仲間と切磋琢磨しながら良い仕事をしていくことが大切です。

正しい考え方はクレーム対応に現れる

会社は、順風満帆なときばかりではありません。不況などの外的要因で業績が悪化することもあれば、自社製品やサービスによる不具合や事故が起こり、クレーム対応に奔走しなければならないこともあると思います。

どんなに良い商品やサービスを提供しようと努めている会社でも、クレームは必ず起こります。

皆さんも、大なり小なりクレーム対応に努めたことはあるかと思います。お客さまは怒っていますから、気分の良いものではありませんよね。こちらに非があるとはいえ、気落ちしてしまうこともあるかもしれません。

クレームが起きたときの大原則は、即座に対応することです。

そして、こういうときこそ、会社のトップが指揮官先頭の気持ちで矢面に立ち、全社を挙げて誠心誠意で対応していくべきです。しかし、残念ながら、好調なときばかり表に出て、バツが悪くなると隠れてしまうトップは少なくありません。

私は、会社が真の意味で評価されるのは、良いときよりも、むしろ、問題が起きたときではないかと思っています。その問題に、どう対応したかというところに、会社の日頃の姿勢は透けて見えてくるからです。

パナソニックのホームページ（http://www.panasonic.co.jp）では、今（二〇一〇年五月）でも、一面すべてが、ファンヒーターの回収への呼びかけです。ここにも企業の姿勢がうかがわれます。

トップページを開くと、「いま一度、心からのお願いです」と題した告知記事がページ全面に表示されます。一九八五～九二年製の温風ファンヒーターが事故に至る危険性があることを知らせ、お引き取り、または無料で修理点検を行う旨《むね》を明記しています。

事故や事件が起きたときに、こうしたお詫びとお知らせの記事を掲載するのは、会社として当然のことです。

しかし、同社製の温風ファンヒーターで事故が起きたことが発覚したのは、四年半以上も前の二〇〇五年の十一月なのです。当時、同社は、その旨を知らせるCMを即座に流し、かつ、全国四千九百万世帯（つまり日本のほぼ全世帯です！）にハガキを送付し、温風ファンヒーターの危険性を知らせるという行動に出ています。この迅速な対応が、被害を最小限に抑えたのはもちろん、お客さまの不信感を取り除くことにもつながったと思います。

それだけでも立派な行動だと思うのに、四年半経てもなお、現在進行形でトップページおよびテレビCMで告知し続けている。

四年半も経てば、事故があったことそのものを忘れてしまっているお客さまも少なくありません。しかし同社は、今も、お詫びとお知らせを続けています。

最後の一台までやり続ける姿勢

おそらくパナソニックは、事故につながった温風ファンヒーターの「最後の一台」を回収するまでやり続ける覚悟があるのだと思います。しかし、これは、言うは易し。実際にやり続けるのは相当に大変なはずです。

パナソニックは、なぜ、ここまで徹底できるのでしょうか？

それは、私は、同社の社員一人ひとりに、同社のビジョンである「産業報国」や「お客さまのため」という考え方が浸透しているからだと思います。

だから、クレームが起きた場合、真っ先にお客さまに謝り、「最後の一台」までという気概で、何年経っても回収し続けることができるのだと思います。

事故や事件が起きたとき、即座に謝らなかったことで、ますますお客さまの怒りを買い信用が失墜してしまう会社は少なくありません。こうした会社ほど、「原因を調査中」などと言って、なかなか謝罪しないことが多いのですが、原因云々の前に、まずは問題が起こったこと、世間を騒がせたことについて謝るべきだと思いませんか。そして、被害がとにかく広がらないことが大切です。問題の起きた経過や原因をしっかりと解明し、逐一、お客さまに説明していけばいいのです。これが、クレームが起きたときの本来の対応の仕方だと思います。

事故などのクレームは会社にとってショックな出来事ですが、お客さまは、もっとショックを受けています。信頼している会社だと思って商品やサービスを買ったお客さまのなかには、裏切られたという思いを抱く人もいることでしょう。

こうしたお客さまのことを思えば、なにをおいてもまず謝るのは当然のことです。パナソニックは、これを即座に行いました。

お客さまは、いざというときの会社の姿勢や対応をしっかりと見ているものです。今もなお、回収し続けているという姿勢を見たお客さまは、次に新しいファンヒーターを買おうと思ったら、どこの製品を買うと思いますか？「パナソニックの製品がいい」と思う人は多いのではないでしょうか。

このように、「お客さまのため」が一貫してぶれない会社は、そこで働く社員にとっても、「自分の会社は本当に素晴らしい」と、思いを新たにすることにつながると思います。問題が起きても、うちの会社は、逃げない、ぶれない。そう実感できた社員は、ますます会社に対して誇りを持ち、さらに、良い仕事に邁進できると思います。

パナソニックと対照的なパロマの対応

パナソニックと対照的な例としてよく比較されるのが、パロマの瞬間湯沸かし器の事故時の対応です。

一九八五年から二〇〇五年にかけて、パロマ製の瞬間湯沸かし器を原因とする一酸化炭素中毒事故が相次いで起きました。これは事故件数二十七件、うち死者が二十人という大事件に発展します。

のちに、遅くとも、一九九二年には社長に報告が入っていたことが判明します。つまり、同社は、九二年から二〇〇五年まで少なくとも十三年間は問題を放置したことになります。少しでも早く知らせてくれれば、助かる命があったはずです。当然、おおいに非難されました。

告知を行った後も、最初の頃は、すべてはサービス業者による不正改造のせいだと主張し続け、「自社製品には一切問題がない」という姿勢を崩しませんでした。これが、火に油を注ぐ結果になったのは言うまでもありません。

三菱自動車も、会社に不利な情報をお客さまに知らせなかったことで非難されたことがあります。それが、二〇〇〇年に起きた乗用車部門でのリコール隠し、二〇〇四年に起きたトラック、バス部門でのリコール隠しです。二〇〇四年のトラックのタイヤ脱落事故では、三菱ふそうトラック・バス前会長、元社長が逮捕される事態に発展しました。

パロマにしても、三菱自動車にしても、被害を拡大させてしまったのは、「お客さまのため」よりも、「会社のため」「自分たちのため」を優先した内部志向が大きな要因だったと思います。

会社が内部志向になると、クレームが発生したときに、「これを言ったら叱られる」「上司に言いにくい」などの理由で報告しない、あるいは、報告しても上司が握りつぶしてしまうといったことが起こり得ます。お客さま志向は二の次、自分たちの立場を守ることに必死になってしまうわけです。これが常態化すれば、クレームをクレームとすら感じない人まで出てきてしまいます。

経営の格言に、「クレーム対応で会社の値うちが決まる」というのがありますが、まさにその通り。会社のため、自分たちのためではなく、お客さまのために何ができるか。クレーム発生時こそ、この原点を忘れてはいけません。

「お客さまのため」を手段にするな

三〇ページでもお伝えしましたが、会社における正しい考え方は、「お金を稼ぐために仕事をする」のではなく、「お金を稼げるぐらいに、良い仕事をする」ということです。

そして、何度もお伝えしている通り、自分のため、会社のために仕事をするのではなく、商品やサービスを買ってくれる「お客さまのため」に仕事をする姿勢を忘れてはなりません。お客さまのためを貫く会社は、お客さまに喜ばれる商品やサービスを提供することができますから、そのほうが、結果として売り上げや利益が出て、それを働く人や株主に還元し、納税を通して社会にも還元できます。

しかし私は、経営コンサルタントの仕事をしているなかで、しばしば、「『お客さまのため』をモットーに頑張っているのに、全然結果が出ないんだけど……」という声を耳にしていたのも事実です。

結果が出ないのは、なぜか。理由は二つのことが考えられます。

ひとつは、まだまだ**「お客さまのため」が足りていない**から。「お客さまのために良い仕事をしよう」という方向性は間違っていなくても、もっとお客さまのために何かできることがあり、そのために、結果が出ないというケースです。徹底が足りないのです。

こういう会社は、今は苦しくとも、今まで以上にお客さま志向を徹底する気概で「お客さま」という言葉遣いや電話の出方など小さな行動の改善をコツコツと努力し続ければ、遠からず、売り上げや利益という結果に反映されるのではないかと思います。

もうひとつは、そもそも**正しい考え方ではない**から。「お客さまのため」を実践しているわけですから一見、正しく見えますが、実は、お金を儲けるため、その手段として「お客さま第一」を掲げているのです。しょせん、金儲けが目的ですから、最初は順調に売り上げや利益が出ても、必ず行き詰まるときがやってきます。

そうではなく、正しい考え方は、良い仕事やお客さま第一を目的にすること。「金儲けのために仕事をしよう」ではなく、「お客さまのために良い仕事をしよう」と精一杯頑張ることです。良い仕事をすることが目的になれば、状況は必ず上向く。その気持ちで、日々の仕事に取り組むことです。

ただ、「お客さま第一」や「良い仕事を目的とする」というのも、本当に身につくのはそれほど簡単なことではありません。毎日、お客さま本位の小さな行動を繰り返すこと、そして、良い仕事をしてお客さまや周りの方に、ほめられたり、感謝されて、その喜びを知ることを繰り返してやっと身につくことです。

本当に良い仕事をできるようになると、そこには「利他」も「利己」もなく、ただひたすらに良い仕事をし続けたいと思うようになるものです。そうなったら本物になれるのです。そこまでは、自分の利己心と闘い続けなければなりません。

経済は人を幸せにするための道具

あるとき、円福寺の藤本老師が、私にこう尋ねたことがありました。

「小宮さん、経済は何のためにあるか知っていますか？」

私が答えに詰まっていると、

「経済は、人を幸せにするための道具です。手段なのです。政治も同じです。目的は、人を幸せにすることです」

と、おっしゃいました。

以来、この「幸せ」は私の経営哲学の根幹をなしています。

経済は人を幸せにするための道具ということは、会社やビジネスも、お客さまや社員などを幸せにするための道具に過ぎないということになります。

会社は、お客さまに、良い商品やサービスを提供していく使命があります。良い商品やサービスを提供すれば、結果として、売り上げや利益が出る。それを、社員や株主に還元し、納税を通して地域社会にも貢献していく。これが、正しい考え方です。なぜ、正しいかと言えば、会社に関わるすべての人を幸せにすることができるからです。

売り上げや利益が出るほど、お客さまに喜ばれていることになります。だから、売り上げや利益を出すことにはとことんこだわらなければなりません。

でも、何度も述べたように、売り上げや利益を出すことが会社の目的ではありません。

会社の目的は、あくまでも、良い商品やサービスを提供することで、関わるすべての人を幸せにすること。お客さまのために良い商品やサービスを提供し続け、結果として、売り上げや利益を出すように努めなければなりません。

もう一度、言います。

経済は、関わるすべての人を幸せにする道具です。

人は幸せについていきます。

関わる人を幸せにしようと思う経営者に社員はついていきたいと思います。

会社の上に立つ経営者はこのことを十分に理解しなければならないと思います。

そして社員もこのことを知っておいてもらいたいと思います。

仕事は、お金を稼ぐ手段ではありません。

良い仕事をすることを目的とするのです。

きれいごとを言っているように聞こえるかもしれませんが、これがきれいごとと聞こえるうちは良い仕事をしていないし、本当の仕事の楽しさも分からないと思います。そして、そう思っているうちは、大変失礼なものの言い方ですが、たいして稼いではいないと思います。よしんば、一旦稼げたとしても長続きしないはずです。良い仕事をすることを目的としているのではなく、稼ぐために仕事を手段としているのですから、世間から評価される仕事をしていないからです。

先にも述べましたが、稼ぐためではなく、稼げるくらいの良い仕事をしようと思っている人や会社の方が、ずっと稼いでいるのです。

だから、経営者も社員も、良い仕事をすることを目的にすることです。関わる人すべてを幸せにしよう。そういう気持ちを持って仕事をすることが大切なのです。

第4章 正しく生きるために

目の前のことに全力を尽くす

正しい考え方を身につければ、人生を、ぶれることなく、強く生きていくことができる——。本書はその観点から、正しい考え方を持って、それを信念とし行動に移している人物や会社を取り上げながら、正しい考え方とはどういうことかについてお伝えしてきました。

最後の章では、一人ひとりが正しい考え方を身につけるために心がけるべきこと、やるべきことなどを中心にお話ししていきます。

これからお伝えすることは、奇をてらった方法などを書いているわけではありません。人によっては、「そんなこと、誰でもできる」「そんなこと、当たり前でしょう」と思うことが含まれているかもしれません。

しかし、成功している人ほど、この当たり前のことをバカにせずに全力で取り組んでいます。目の前のやるべきことが、どんなにつまらないことでも、すべては次につながると信じて取り組んでいます。伝票の勘定だろうが、切手貼りだろうが、決してなおざりにはしません。実は、こうした姿勢を持つことが、成功か否かの分かれ道になるほど大切なことではないかと私は思っています。

切手貼りひとつとっても、それを「本当はこんなことしたくないのに」と嫌々、適当にこなす人と、「こういうことも、きっと将来につながるだろう」と自分なりに工夫しながら全力で取り組む人がいるとします。嫌々やる人は、目の前にあるハガキや書類の山にうんざりしながら、雑談でもしながら貼っていくかもしれません。しかし、全力で取り組む人は、目の前にあるハガキや書類をサイズごとに分類したり、五十円切手、八十円切手、その他の山に分けるなどして、いかに効率良く、短時間で貼れるか工夫しながら作業していくでしょう。

たかが切手貼り、されど切手貼り。同じことをするにも、姿勢いかんによって、一カ月後、一年後の人としての成長の度合いは大きく変わる。私はそう確信しています。日々の仕事、目の前にあること、一見簡単そうなことに、手を抜かずに取り組むことのできる人が、いざ、大きな仕事を任されたとしても力を発揮することができると思います。

違う見方をすれば、そういう取り組みを毎日している人は、全力を出す訓練ができているので、いざというときに全力が出るのです。普段から全力を出していない人は、どんなときにも全力が出なくなるのです。

もっと高みを目指したい、成功したい。そう思うなら、まずは、目の前のことに全力を尽くすことから始めてください。それが、次へ、次へとつながり、点が線になり、いつしか一本の正しい道となって開けてくるのです。

基本をおろそかにしない

私の会社では、毎朝、朝礼前に十五分間の掃除を行うことを日課にしています。全員、雑巾がけもします。私は、男子トイレを担当しています。

毎朝の掃除以外にも、電話を三コール以内でとる、お客さまを玄関先まで見送る、自分の机はきれいにしておく、笑顔で挨拶をするなど、基本中の基本と言えることをきちんとやろうと社員に伝えています。基本動作ができない人は、何もできません。そこから、真の経営は始まると思っているからです。

先にお伝えした「当たり前のことに全力で取り組む」ということにも通じますが、正しい考え方を持っている人、立派な人だと世間から言われる人ほど、こうした基本がしっかりとしています。そして、こういう人ほど、身なりも、礼儀も、生活態度も、人への接し方もきちんとしています。

正しい考え方を持っている人の身なりと、持っていない人の身なりの差は大きなものではないかもしれません。人への接し方にも著しい差は認められないかもしれません。でも、一つひとつは、ちょっとした差でも、それがたくさん違ってくればその人の生き方が変わるほどの差になってくるのです。

若い頃から、こうした基本やその小さな差をおろそかにせずに学ぼうという姿勢のある人は、仕事の本質や、正しい生き方の本質も学んでいることになると思います。

今までこうした基本を軽視していたかもしれないと思う人でも、気づいた今から実践すればいいだけの話です。幸い、今すぐにでも、できることばかりですよね。

Never too late.（遅すぎることはない）

仕事も、人生も、遅すぎるということはありません。基本がしっかりしてくると、それが次第に実践の場でも差がつくようになります。頭だけで考えるのではなく、まずはやってみることです。

技（スキル）は必要条件。正しい考え方が十分条件

本書では、正しい考え方を身につける必要性について一貫して主張していますが、だからと言って、技術やノウハウなどの技（スキル）はどうでもいいとは言っていません。仕事をしていくうえでは、技（スキル）を身につけなければ使いものにならず、周囲に迷惑をかけてしまいます。技がなければ、評価されません。特に若いうちはそうです。仕事には技が必要です。

私は、財務や会計の基本を分かりやすくお伝えしたいと思い、『「1秒！」で財務諸表を読む方法』という本などたくさんの本を書きましたが、このように、ビジネスマンとして最低限知っておくべき知識や技というのはもちろん、たくさんあります。それぞれの個別の業務でもたくさんあるはずです。

ただし、注意したいのは、技だけ、戦略だけにとらわれすぎると、「木を見て森を見

ず」に陥りやすく、「良い仕事をする」という原点が抜け落ちてしまうことがあるということです。とかく今は、「○○さえすれば、効率が○倍アップ！」などと派手なキャッチコピーのついたノウハウ本やハウツー本がたくさん書店に並んでいます。しかし、技だけ、戦略だけでどうにかなると思うのは本質を知らない人です。

それに、技は、場合によってはお金で買うことができます。会計のことが分からないときは会計士を雇えばいいし、戦略のことで行き詰まったらコンサルタントを雇えばいいからです。つまり、技や戦略というのは、ビジネスにおける「必要条件」ですが、「十分条件」ではないのです。それに技は時間が経つと陳腐化することも少なくありません。

では、十分条件とは何か。

それが、正しい考え方を身につけることです。

正しい人間観や人生観を勉強しておかなければ、真の意味で高みに登ることはできません。私の尊敬するある経営者が、「部長までは技で出世させる。でも、役員以上は考え方で選ぶ」と言ったことがあったのですが、その通りだと思います。仕事ができる以前に、人として正しい考え方を持っていなければ、人を率いていくことなどできません。

正しい考え方を身につけるうえで大切なのが、第1章でも説明しましたが、長年読み継がれてきた本や、語り継がれた人の伝記などを読んでみることです。論語や仏教聖典、聖書など、古代から読み継がれてきた本には、多くの英知がぎっしり詰め込まれています。今も語り継がれる人の話には、現代に置き換えても参考になる考え方がたくさんあります。

絶対に「正しい」ことを見つけ出すのは難しい。でも、多くの人が長い間信じてきた「正しい」と思うことには、ある種の普遍的な真理があると思います。それを、自分の生き方に取り入れることができたら、強く、正しく、自信を持って己の道を歩むことができると私は信じています。

師を見つける

正しい考え方は、一朝一夕では身につきませんから、できれば、若い頃から勉強し続けてもらいたいと思います。

先に述べた論語や仏教聖典、聖書以外にも、禅の本でも、ソクラテスの本でも、長い間支持されてきた本はたくさんあります。そこから、自分にしっくりくる考え方を取り入れていけばいいと思っています。

あるいは、偉大な経営者や学者と呼ばれる人の本でもいいと思います。松下幸之助さんや稲盛和夫さんの本でもいいし、安岡正篤先生の本でもいい（私は先生の『論語の活学』から読み始めました）。世間で支持され続けている人が書いた、ロングセラーになっている本からは、正しい生き方、正しいビジネスの考え方などのヒントを得られるはずです。私は、松下さんの『道をひらく』という本に出会ったのは二十年以上前ですが、座右の書として自宅の机の上にいつも置いてあり、折を見ては読み返すようにしています。

また正しい考え方を持っている師がいれば、その人から学ぶこともたくさんあると思います。

私の師匠であった藤本幸邦老師は、二〇〇九年十二月に九十九歳で亡くなられました。第二次世界大戦後すぐ、戦災孤児を三人連れて長野県に戻り「愛育園」という施設を立ち上げ、以後も、カンボジア、バングラディシュをはじめ、世界の恵まれない子どもたちのために学校を作ったり、アフリカの水汲みのために学校に行けない子どもたちのために水を入れる大きなタンクを贈るなど、精力的に活動を続けてこられました。藤本老師の人生の目的のひとつは、困っている子どもたちを全力で助けることにありました。私は、その心意気に打たれ、藤本老師のボランティア活動を手助けさせてもらったのです。「欲は、エンジン。理性は、ハンドルとブレーキ」（二六ページ）「経済は、人を幸せにするための道具」（一六七ページ）など、藤本老師からは、人生を正しく生きるためのさまざまなヒントになることを教えてもらいました。

他にも、銀行員時代の上司、転職した先でお世話になった岡本アソシエイツの代表である岡本行夫さん、介護事業を行うセントケアの社長である村上美晴さんなど、人生における正しい原点を持っている素晴らしい方々と出会い、多くのことを学びました。

教師でも、親類でも、会社の上司でも、正しい考え方を持っている人なら、誰でも師になり得ます。ただし、ここで大切なのは、その人が本当に正しいのかどうか見極める目を持つこと。そのためにも、読み継がれた良い本などを通してまずは自分が正しい考え方を身につける努力をし続けなければなりません。

正しい会社に勤める

若い世代の人でこの本を読んでいる人は、どうか、「正しい会社」に入って仕事をしてほしいと思っています。

正しい会社とは、お客さまのため、社会のために良い仕事をしようという正しい考え方を持ち、それを行動に移している会社のことです。最低限でも、不正行為や談合などの犯罪行為などを犯さない会社です。

大手企業なら安心だと思うのは間違いです。大手企業でも、正しいところもあれば、そうでないところもたくさんありますし、規模は小さくても、正しい考え方を持っている活気のある会社はたくさんあります。

これから就職活動や転職活動をする人は、自分の入社したい会社があったら、その会社が、少なくとも過去十年間に、組織ぐるみで犯罪がないか、あるいは、幹部以上の人間に逮捕歴がないかを確認しておいてください。これは、正しい会社かどうか見極めるポイントのひとつになります。

自分の希望する会社は有名だから犯罪なんて……と一笑に付したいところですが、残念ながら名が知られていることも、安心材料にはなりません。粉飾決算で逮捕されたIT企業の社長などは記憶に新しいですし、食品の偽装表示に至っては、ここ数年で何社もの会社が事件を引き起こしていますよね。

私は昔、ある大手証券会社で副社長をしている人と会ったとき、彼が、証券取引法違反で拘置所に入ったことを自慢気に話しているのを見て、心底、あきれたことがあります。会社のために犯罪を犯すのを自慢していたのですが、組織のために犯罪を犯すのなら暴力団と同じです。法律とは、世間の人々が平和に暮らすために守らなければならない「最低限」のルールです。それすら守らないことを自慢するなど論外です。

世間には、こうした価値観が狂っている人が上の立場に立っている会社もあるのです。狂った会社です。会社の上層部が、談合や総会屋への利益供与で次々と逮捕された鉄鋼会社もあります。

だから最低限、犯罪歴の有無は確認してほしいのです。ネットで調べればある程度のことは分かるはずです。入社してから、正しくない人ばかりいるところで、その人たちの考え方に毒されてしまってからでは、その後の軌道修正が大変です。特に若い人には素直な人が多いので注意が必要です。

もうひとつ、正しい考え方を持っている会社かどうか見抜くため、面接時などに、「御社のビジョンや理念は何ですか?」とこちらから質問してみることをおすすめします。

もし、面接官が答えに詰まったり、手帳をあわててめくって確認し始めたら、その会社はちょっと怪しいと思っていいと私は思っています。

なぜなら、ここまでの説明でお分かりだと思いますが、会社にとってのビジョンや理念とは、会社の目的を表したもので、存在意義です。会社の根幹です。そのビジョンや理念がすらすらと言えないということは、社員一人ひとりに浸透していないということです。そういう会社が、果たして、お客さまのため、社会のために、良い仕事をしていこうという意識が根づいているのか、おおいに疑問が残ります。ただのお金儲けのための烏合《うごう》の衆であるかもしれません(繰り返しで恐縮ですが、私はお金儲けを否定しているのではありません。お金儲けができるほどの良い仕事をすることを目的としてほしいのです。その方が結果的に儲かることを私は経験上知っているのです）。

正しい会社に勤め、ビジネスにおける正しい考え方を身につければ、それを人生のさまざまな場面においても活かしていくことができます。正しくない考えの会社に勤めれば、間違ったことなのに、正しいと思い込んだまま生きてしまう危険があるのです。

目的と目標の違い

皆さんは、「目的」と「目標」の違いを理解していますか？

本書のなかでも、すでに「目的」という言葉は何度も登場していますし、日頃から無意識のうちに使っている人も多いと思います。目的と目標を似たような意味だと捉え、いちいち区別せずに使っている人も少なくないかもしれません。

しかし、両者の違いは明白です。正しい考え方を身につけるうえでも、ぜひとも覚えておいてほしいことです。その違いとは、次のようなものです。

「目的」とは、最終的に行きつくところ、あるいは存在意義「目標」とは、その通過点や具体的な評価

たとえば、人生の「目的」のひとつが、「家族を幸せにすること」だとします。すると、そのための目標は、「次の休みには、家族で旅行に行こう」とか、「そろそろマイホームを検討しよう」などになります。

こう考えると、目的と目標というのは、明確に区別できそうなものですが、「目標」は、一歩間違えると「目的化」しやすいのです。

家を建てることが目的化してしまうと、肝心の「家族を幸せにする」という視点が抜け落ちてしまうことがありますから、念願の家は建ったものの、妻に離婚を切り出された……なんてことになりかねません。

「目的」は終わりのないもの

ところで、私の人生の「目的」つまり存在意義のひとつは、「仕事で社会貢献をする」

ということです。

ですから、仕事に全力で取り組み、お客さまに喜んでいただけるようなアドバイスや講演を差し上げること、そしてこの本のような本を書くことが私の最大の社会貢献だと思っています。そして、そこで得た利益の一部を、毎年、納税をすることで社会に還元するのはもちろん、わずかですが、ボランティアや寄付などを通して社会貢献もさせてもらっています。そして、その中で「本を百冊出版する」という「目標」も掲げています。

自分がこれまで得た知識や体験をもとに、経営に関する話や、正しい生き方についての話を本にまとめて出版する。企業へのアドバイスや講演を行う。これは私にとって、社会貢献をするための手段のひとつです。将来、経営者になりたいと思っている人に、経営の先輩として、微力ながらアドバイスをすることができれば、広い意味での社会貢献につながりますし、本を読まれた方に少しでもお役に立てれば、著者としてこれ以上うれしいことはありません。

先日、おかげさまで六十冊目の本を出版することができましたが、目標は百冊。コンサルタントとしての仕事の合間に書くのはなかなか大変ですが、百冊という目標に向かって執筆を続けているところです。

しかし、私が「目標」の百冊を書き終えても、「仕事で社会貢献をする」という「目的」まで達成したことにはなりません。

私の社会に貢献するという「目的」は、私が仕事を続ける限り、持ち続けなくてはならないことです。百冊本を書くという「目標」は、いつか達成できるかもしれませんが、「目的」には、そもそも終わりがないのです。

「家族を幸せにすること」という人生の「目的」もそうですよね。旅行に行った、マイホームを建てたという目標を達成したからといって、「家族の幸せ」が完成形になるわけではありません。「目的」とは、一生をかけて追い求めるべきものなのです。

もし、あなたの「目的」が達成可能なものであれば、それは、「目標」と混同している可能性があると思います。

目的とは、自分は何のために生きているのか、自分はどういう生き方をしたいのかを考え続けて、その中でやっと見えてくるものです。毎日の実践を真剣に続けている中でようやく見えてくるものです。簡単に見つかるものではありません。しかし、これも正しい考え方という原点を持ってこそ、自分の存在意義が分かるようになると思います。目的を持って、それを志に高めて、ぶれないでいたいものです。

「目的」は自分の目の前の仕事を精一杯やり続け、存在意義を問い詰めていった先に見つかるものだと思います。適当に設定したものは目的にはならないでしょう。自分の存在意義がこれだ、これしかないというところまで、仕事を突き詰めた人が見つけられるものかもしれません。

先に紹介した、論語の「われ十有五にして学を志し……」の文章で、「四十にして惑わず、五十にして天命を知る」とはまさにこのような状態ではないでしょうか。目的を見つけ出し、それが天命だと知ることは本当に幸せなことですが、それほど簡単なことでもありません。

目標は月単位で区切って設定

ところで、目的どころか「目標がない」「そもそも、目標をあまり掲げたことがない」

という人がいますが、目標は、ぜひとも作ってください。

長期的な目標を立てるのはなかなか難しいですが、コツがあります。だまされたと思ってやってみてください。「月間目標」を立てるのです。

一般的には、「目的」を「目標」に落とし込む、それを一年なりの「長期目標」にし、さらにそれをより短期の「目標」に落とし込むというやり方が推奨されます。確かに、目的をしっかり持った人はそれができますが、私の経験では、これはなかなか難しいと思います。特に若い人には難しいと思います。自分の経験からしても、なかなか人生の意義などが見つけにくいからです。

そうした場合、とにかく「月間目標」を立てるのです。毎月一日に月間目標を立てるのです。できれば、仕事のことと、プライベートな目標を両方立ててください。それを続けているうちに、もう少し長い目標を立てようと考えたり、さらには、自分の人生の目的や意義が見えてきたりすると思います。

目標を達成できない大きな要因のひとつは、それが漠然としているからです。月間目標に落とし込めば、それを達成するために、今週、何をしなければならないか、だから今日、何をしなければならないかが見えてきます。

今日、すべきことが見えたら、そのために何時までに家に帰らなくてはいけない……などと、より細かな計画を立てていくようになります。こうした日々の積み重ねを行っていくと、次第に、自己管理もしっかりとできるようになります。

今まで目標を立ててこなかったという人にとっては、月間目標を立てたものの、それをなかなか実行できないということもあるかもしれません。しかし、最初は、月間目標のうち、一部でもできればしめたものと思うぐらいでいいと思います。

「自分にも、できるんだ」という気持ちになれば、それは達成感につながり、翌月、もうちょっとやってみようと思えるものです。こうして、目標を達成するための良いサイクルができあがります。

目標を持つ人と、一切持たない人では、今日、明日は大差がなくても、十年、二十年後になれば、とてつもなく大きな差となって現れる。このことを忘れないでください。

コツコツは成功の必要条件

仕事においても人生においても、何かを成し遂げたいのなら、それが高い志であればあるほど、一時期、どこか一カ所にとどまって深掘りしなければなりません。

大阪師範学校（現・大阪教育大学）の先生だった森信三先生は、学校の講義をまとめた『修身教授録』のなかで次のような話をしています。

それというのも、お互い人間として最も大切なことは、単に梯子段を一段でも上に登るということにあるのではなくて、そのどこか一ヶ所に踏みとどまって、己が力の限りハンマーをふるって、現実の人生そのものの中に埋もれている無量の鉱石を、発掘することでなくてはならぬからであります。

何かのポイントで、ここなら絶対に人には負けないというものを見つけ、それに関しては、深掘りして知識を蓄える、勉強し続けるという姿勢が必要だということです。

高みを目指すのは大切なことですが、実力が伴っていないのに、上へ上へと焦って登っても、付け焼刃の実力しか身につかず、いつかボロが出てしまいます。考え方の芯もできません。

急がば回れの精神で、遠回りだと思っても一カ所にとどまって深掘りしコツコツと地道な努力を続けることが、結果的には、早く目的地に到着することにつながると思います。

コツコツと努力を続けているときは、水面下で石を積み重ねているようなもの。なかなか水面に出ることができず、途中で投げ出したくなったり、イヤ気がさすこともあるかもしれません。それでも、一カ所にとどまって、やり続けてみることです。すると、あるとき、水面に顔を出す瞬間が必ずやってきます。

その頃には、知識も得て経験値も積んでいますから、仕事も、人生も、できること、やれることが増え、一気に世界が広がるはずです。

ただし、そうなって以後も、さらにコツコツと石を積み上げる努力を重ねる。すると、確かな実力がつき、それに伴い揺るぎない自信も芽生えるでしょう。

地道な努力を続けた人が、いつしか高い志を成し遂げ、力強く人生を歩んでいけるのではないかと思います。

衣食足りて礼節を知る

中国の春秋時代に活躍した政治家の管仲《かんちゅう》という人は、「衣食足りて礼節を知る」という有名な言葉を遺しています。

これは、衣食が十分に足りて生活が安定して初めて、礼儀や作法に心を向ける余裕ができるという意味です。

人間は、食べるのに困らないようになるまでは、必死で働くものです。みなさんのなかには、将来、何かしらの形で独立しようと考えている人もいるかもしれませんが、会社でも興そうものなら、それこそ、設立当初は死に物狂いで働きます。会社のビジョンや理念を掲げつつも、そこまで頭が回らず、社員に給与を払い、家族を養うので精一杯という人も多いと思います。誰もが、そういう時期を経るものだと思います。

かつての私もそうでしたが、そういうときでも、ビジョンや志の大切さを教えられていましたから、とにかくそれらにしがみつこうとしました。

問題は、ここからです。「衣食足りた」あとです。衣食足りたあと、もう一段、志という高みに向かってステップアップできるか、それとも、そこで止まってしまうか。

言い方を変えれば、衣食足りる前も大切ですが、衣食足りたラインが再度スタート地点だと思います。

モノが溢れる現代は、誘惑もたくさんあります。衣食足りたあとで、あれも欲しい、これも欲しいと物欲に溺れ、あれやこれを買うため、お金のために仕事をするようになってしまう人もたくさんいます。

一方で、衣食足りたあとで、「ここからがいよいよ本番だ！」とばかりに、ビジョンや理念を行動に移し続け、お客さまのために良い仕事をする人もいるのです。お客さまのため、社会のためにますます地道な努力を続ける人は、さらに儲かります。

人生においてもそうです。衣食足りたあとで、改めて、自分の存在意義、生きる目的を再度明確にし、それに向かってコツコツと努力する。こうした人が、いつか大成するのではないでしょうか。少なくとも、周囲から尊敬される人物になるはずです。それは、あなたにとって、何にも換え難い、光輝く誇らしい勲章になるはずです。

そして成功して儲かったら使えばいいのです。お金持ちがお金を使わなければ社会は繁栄しません。自分の持っている範囲で適度に使うのです。お金を持っているのに使わない人はケチです。しかし、持っていないのに使うのは見栄張りです。ケチも見栄張りも尊敬されません。

チャンスに備え、準備しよう

パナソニックの創業者・松下幸之助氏の提唱した「ダム経営」という言葉があります。その名の通り、経営に対する心構えを示した考え方ですが、人生を力強く生きるためのヒントにもなることだと私は思っています。

雨が降っているときにダムに水を溜《た》めておけば、日照りの日が続いても、水や電力を安定して下流に供給することができますよね。

会社もダム同様に、好調なときに水ならぬ資金を溜めておき、いつも少し余裕のある経営ができるように心がけていれば、しんどくなったときでも、ヒト、モノ、カネ、時間を上手に活用することができる。これが、ダム経営の基本的な考え方です。「あらかじめ準備しておくことの大切さ」を説いているというわけです。

これは、一人ひとりに当てはめてみても同じ考え方ができます。

ある程度の資金を溜めておけば、不測の事態に備えることができます。「百年に一度」といわれる不況がやってきても、震災や火災など突発的な事態に見舞われても、あるいは、急に体調を崩して入院せざるを得なくなっても、ある程度の資金を溜めておけば、それを有効活用できますし、家族を安心させることもできます。これはお金だけに限ったことではありません。健康もそうですし、仕事に対する実力もある程度は前もって蓄えておくことができます。準備です。

「チャンス」の対《つい》になる言葉は何だと思いますか？

それは、「準備」です。

次の「チャンス」のために、いかに「準備」をしておくか。その姿勢のあるなしは、人生を大きく左右します。

人生は、好調なときもあれば、うまくいかずに空回りしたり歯痒《はがゆ》い思いをすることもたくさんあると思います。

しかし、うまくいかないときこそ、次の「チャンス」を摑《つか》むための「準備」期間だと捉えるのです。

「お金を溜めておくこと」も「準備」のひとつですが、知識を得て経験値を積んでおくなど、「実力を蓄えておくこと」も「準備」と言えると思います。

もっと言えば、日々、目の前にある仕事に全力を尽くす。これも、立派な「準備」です。いつか大きなチャンスが巡ってきたとき、日々、取り組んできたことが集大成となって力を発揮するからです。

私は、銀行員時代、会社から米国でトップ十に入るビジネススクールへの留学の機会を与えてもらいました。上司が推薦してくれて実現したのですが、上司は、私が毎日コツコツと仕事をしていたことを見ていてくれて、それを評価してくれたようです。コツコツと仕事をしたことは、「留学」の「準備」になっていたというわけです。

しんどいとき、頑張っても報われないと感じるときこそ、今は「準備」の時期なのだ、ためどきだと思って、焦らず、くさらず、地道な努力を積み重ねてください。

素直の三ステップ

ここで、皆さんに質問します。

あなたは、素直な人ですか？

「素直」なつもりでも、嘘をついてしまったときや間違いを指摘されたとき、「でも」「だって」などと、つい、言い訳をしてしまうことはありませんか？

松下幸之助さんは、『素直な心になるために』（PHP研究所）という本を出版するほど、素直になることの大切さを説いています。「成功する人は総じて素直です。人が成功するために一つだけ資質が必要だとすれば、それは素直さだ」とおっしゃっています。

これは、素直になるのがいかに難しいかということを物語っているともいえます。

私は、「素直」になるためには、三つのステップが必要だと思っています。

ひとつめは、まず、聞くこと。

人の話を聞くという姿勢を持つことです。

そんなこと、当たり前だと思いましたか？

しかし、この当たり前のことができていないという人は少なくないと思います。みなさんの周りにも、人が話していても聞く耳を持たなかったり、人の話を遮って「俺が、俺が」と自分の話しかしない人、ひどいときには、聞いたふりをして、実は全然聞いていない人などがいるのではないでしょうか。

人の話を素直に聞くことができる人は、自分にも至らない点があることを知っている人です。自分にも気づいていないこと、知らないことがあるからこそ、聞こうと思えるし、人の話から、何かしら学ぼうとします。

素直さは、謙虚さも生むのです。こうした人は、素晴らしい意見や正しい考え方を聞く機会が巡ってきたときに、それを自分の人生にうまく取り入れて活かすことができると思います。ぶれない自分を作るための原点です。

人の話に耳を傾けることができない人は、いつしか、大切な話をしてくれる人もいなくなってしまいます。自分だけの狭い了見だけで物事を判断していては、視野も広がらず、どんどん独り善がりの考え方に固執してしまう可能性があります。

松下さんは、人の話を聞くのがとても上手で、新入社員から話を聞いても、「いい話を聞かせてくれて有難う」と言っていたそうです。松下さんのように人生の達人になると、新入社員の話からも、ビジネスや人生のヒントを見出すことができるのでしょう。

行動に移し、それを続ける

素直になるために必要な二つめのステップは、良いと思ったら、素直にやってみる。行動に移してみることです。行動・実行は素直のステップであるとともにぶれない自分を確立するためのステップでもあります。考え方や信念を実行に移すのです。

人の話を聞いてそれが良いと思っても、頭であれこれと考えているだけでは、絵に描いた餅のままで終わってしまいます。実際にやってみて経験を積むことが、その人の血となり骨となるのだと思います。正しい考え方を持っても実行に移さなければ、自分も社会も変わりません。

頭で考えているだけですと、「できないかもしれない」などと前向きに捉えることができず、否定的になってしまうことがあります。

頭は臆病な面がありますが、手は臆病ではありません。実際に手を動かし、行動に移してみると、「なんとかなるかもしれない」「意外と簡単かもしれない」と、肯定的なも

の の見方もできるようになるのです。

そして、素直になるために必要な三つめのステップは、やり続けること。人の意見を素直に聞き入れて行動に移したあとは、それが、毎日できそうなこと、良い習慣にできそうなことであれば、続けてみるのです。続けてこそ本物のぶれない自分ができ上がるのです。

続けるのは根気がいるため、最初のうちはできても、次第に「今日は疲れたから明日でいいか」などと自分に言い訳をして延ばし延ばしになって、結局、挫折するということはよくあります。

続ける原動力になるのは、自分のなかにある高い志です。生きていくうえで原点になることを見据え、その高みを目指すために今があるのだと思えば、続ける意欲も生まれてくるというものです。

人の話を素直に聞いて、良いと思ったら素直にやってみて、これだと思ったらやり続ける。素直さを心がければ、なにものにもとらわれない心を育み、それは、強く、聡明に生きることにつながります。

志があれば、気持ちがついてくる

孟子の言葉に、「志は気の帥《すい》」というのがあります。

ここで言う「志」とは人生の目的を、「気」とは人間の体に満ちている体力や気力を、「帥」とは大将やボスを意味します。すなわち、やる気や気力などの源（ボス）は「志」にあるということです。

生きる目的を確立し、それを「志」に高めれば、気持ちも自然についてくるということだと思います。気持ちがのらない、ついていかないという状態のときは、まだ志が足りていないということになるのではないでしょうか。

若いうちは、そういう時期もあると思いますが、四十代、五十代になる頃には、志に向かって躊躇せずに突き進む人でありたいものです。

一一一ページでも触れましたが、論語のなかには、

三十にして立つ
四十にして惑わず
五十にして天命を知る

とあります。志を持ったら四十歳の声を聞く頃までには迷いをなくし、五十歳になる頃にはそれを天命だと信じられるまでになったら本物です。

志がないと、人間は萎《な》えてきます。「このへんでもういいか」と早々と諦めてしまいます。「それも人生」と言う人もいるかもしれません。確かにそうです。しかし、高い志があることは、一度しかない人生を、より活き活きと生きることにつながるのではないかと思うのです。

志という高い山に向かって突き進む過程は、岩だらけの道なき道もあるでしょうし、棘《いばら》だらけの厳しい道もあるかもしれません。でも、志という頂上を目指していますから、どうにか頑張ろうと、工夫もするし知恵もついてきます。

志という高みに向かうのは、「なれる最高の自分」に近づいていくことと同じことだと思います。仕事を通して、家族を通して、なれる最高の自分になるというのは、人生のなかでも素晴らしい財産のひとつと言えるのではないでしょうか。

燕雀いずくんぞ鴻鵠の志を知らんや

中国の歴史書『史記』のなかに、「燕雀《えんじゃく》いずくんぞ鴻鵠《こうこく》の志を知らんや」という一文が出てきます。

これは、燕や雀のような小さな鳥に、どうして鴻鵠（オオトリやコウノトリなど）のような大きな鳥の大志が分かろうかという意味です。秦に対し、大規模な農民一揆を行った陳勝の言葉と言われています。

陳勝は、日雇い農夫をしている頃、大きなことばかり言って周囲からバカにされたとき、「燕雀いずくんぞ鴻鵠の志を知らんや」と意に介さなかったそうです。

「燕雀」とは、五五ページにも出てきた「民は之に由らしむべし。之を知らしむべからず」という一文のなかに登場する「民」、すなわち「大衆」と同じ意味かもしれません。

正しい考え方のもとで志を持って進んでいる人に対し、大衆という外野は、ああでもない、こうでもないといろいろなヤジを飛ばします。

人の言うことには素直に聞く耳を持たなければなりませんが、正しくない考えを押しつけてきたり、度量の狭いことを、さも正しいことであるかのように言われて、すべてを真に受けていたら神経がすり減ってしまいます。

こういうときは、陳勝の姿勢を見習い、「燕雀」は意に介せずの精神で高みを目指すという時期があってもいいと私は思っています。

ただし、ここが肝心なところですが、もしも、あなたが正しい考えを持っていなかったとしたら、実は、あなた自身が「燕雀」だったという悲惨な結果になってしまいます。燕雀だと思い込んでいた人こそ、正しいことを諭してくれようとしていた鴻鵠だったということもあり得るのです。

だからこそ、何度も言いますが、真の意味での「正しい考え」を身につけようと努力しなければなりません。そして、それをし続けなければなりません。「これは間違いなく正しい」と確信を持って言えるようになるためには、何度も述べているように論語をはじめとするたくさんの良い本を読み、また、立派な方のお話などをたくさん聞いて、自分の生き方に取り入れていくようにし続けなければならないのです。

死ぬことを恐れるより、死の準備のないことを恐れよう

人間、必ず、死ぬんです。

そんなこと、分かっていますよね。

分かっているけど、それは遠い先の話。心のどこかで、そう思っている人の方が多いと思います。

でも、遠い先の話ではないかもしれません。

脅かすわけではないですが、病気になったり、事故に遭う可能性は誰もがあります。

死は、遠い。でも、本当はとても身近にあるものです。

私は銀行員時代、アメリカのビジネススクールに留学させてもらっているときに、日本航空のジャンボ機墜落事故のニュースをテレビのニュースで見ました。大変ショックでした。

東京から大阪までのわずか一時間足らずの飛行で、あのような悲劇が待っているとは搭乗客の誰もが想像すらしていなかったと思います。男性会社員が、幼い息子にあてて「しっかり頼んだよ」と書かれた手帳のメモが見つかったというニュースが流れたとき、

私は、涙があふれて止まりませんでした。制御不能となって大きく揺れる飛行機のなかで、死期を悟る人々の気持ちはどんなだったでしょう――。そのことを思うだけで、二十年以上が経過した今でも涙がこぼれます。

同時に、不慮の事故は誰にも起こり得るものだとも思います。でも、事故に遭わずとも、病気にならずとも誰にも寿命は訪れます。人間は、百パーセント、死ぬのです。

松下幸之助氏は、死についてこのように話しています。

死を恐れるよりも、死の準備のないことを恐れた方がいい

死を恐れるのは人間の本能です。できるだけそのことを遠ざけようとしますが、どれだけ考えないようにしていても、人がいつも死に直面していることには変わりがありません。

だからこそ、今、与えられている生命を最大に活かすことを考えなくてはなりません。人生の目的に向かって、今を精一杯生きることが、死の準備だと思います。

死の準備とは、お葬式やお墓の準備をすることではありません。
いかに生きるべきかを真剣に考えることを意味します。
あなたは、いかに生きたいですか？　生きるべきですか？
その答えが、あなたの存在意義であり、人生の原点になると思います。

死んだら、何を遺せるか

よく、「死んだら、何も持っていけない」という人がいますよね。その考え方は、自分の利害だけを考える「利己心」の強い人への警句です。欲張っても死んだら何もあの世へは持っていけません。
何も持ってはいけませんが、しかし、家族のこと、子どものこと、友達のこと、会社の仲間のことなど、自分に関わりのあるすべての人のことを思いやる「利他心」のある人は、こうも考えます。

死んだら、何を遺《のこ》せるだろう？

遺せるものは、遺産だ家だとモノを遺すことがすべてではありません。

私は、想いや考えというものを遺せたら、それは大きな財産になるのではないかと思っています。

私の師であった藤本幸邦老師は、あるとき、私にこう尋ねました。

「小宮君、人は死んだらどうなると思う？」

私がどう答えるべきか迷っていると、

「人は、死んだら、自分が愛した人の心のなかに生きるんだよ」

と、おっしゃいました。

子どもを愛した人は、自分の子どもたちの心のなかに死んでもなお生き続けます。会社を愛した人は、自分の会社のなかに「イズム」という形で生き続けることでしょう。日本という国を愛した人は、日本国のなかに生き続けるし、マザー・テレサのように、多くの恵まれない人を愛した人は、彼らの心のなかに生き続けることでしょう。

死んでもなお、誰かの、何かの心のなかに生き続けることができるならば、生きている間は、正しいと思える道を、力強く歩んでいきたいですよね。

あなたの周りにいる人は、あなたの姿勢をしっかり見ています。良いことも、悪いこともすべて焼き付けています。だからこそ、正しい考え方を持って、真っ白な道を正々堂々と自信を持ってぶれずに進んでいこうではありませんか。そして、周りにいる人も自分も、幸せにしていこうではありませんか。

あとがき

生きていれば、誰もが、「このままでいいのだろうか」と、自分の道に迷うときがあります。

そんなとき、正しい考え方を身につけている人は、とても強いと思います。なぜなら、判断に迷うとき、拠り所になるものがあるからです。だから、最終的には、ぶれずに、正しい道を歩むことができます。

本書にも何度も出てきましたが、私自身も拠り所になるものを求め、さまざまな書物を読み、それを自分の生き方に取り入れてきました。また、正しい考え方を持っている師と呼べる人たちの話からたくさんのヒントをいただき、それを自分の生き方に取り入れてきました。

でも、今も、完璧に分かったとは思っていません。これからも、たぶん、死ぬまで学び続けていかなければならないと思っています。

私が本書を通してみなさんにお伝えしたかったことは、まずは正しい考え方を身につける大切さを知ること。そして、正しい考え方をベースに、一生を懸けて成し遂げたいことを目的として掲げること。さらに、それを志に高めて行動する姿勢を持つことです。

このことは、自分は何のために生きるのかを明確にすることを意味します。

生きる目的が明確になれば、より、自信を持って力強く生きていけますし、日々の生活にも張りが出て、毎日をいきいきと過ごすことにもつながると思っています。

もうひとつ心がけておいてほしいことがあります。

それは、どんなことが起きても、すべてポジティブに捉えることです。なにをやってもうまくいかない、頑張っているのに成果が出ないというときも、「やっぱり自分はダメなんだ」と思うか、「次の大きなチャンスのための準備なんだ」と思うかで、結果は大きく変わってくるものです。ポジティブな思考は、人生を切り開く源泉になります。

本書の読者は、仕事をしている人が多いと思います。仕事においても、「金儲けをするために働く」という考え方ではなく、「良い仕事をする」という正しい考え方を持って臨めば、俄然、やる気も湧いてきますし、その方が結果的に金儲けもできます。仕事を通して、人生を通して、「なれる最高の自分」になる。こんなに素晴らしいことはありません。

大志があれば、楽しく、力強く、迷いなく人生を歩むことができます。

そのためにも、正しい考え方を身につけてほしい。そのために本を読むことなら、今日からだってできることです。今日から、はじめの一歩を踏み出しませんか。

正しい考え方を身につけた上でぶれない人が一人でも多い世の中になれば、真の意味で豊かな国になると思っています。

最後に、本書作成にあたり、幻冬舎の伊藤えりかさんには本当にお世話になりました。彼女なしにはこの本はここまで仕上がらなかったでしょう。この場を借りて心よりお礼申し上げます。

二〇一〇年七月　　　　小宮一慶

著者略歴

小宮一慶《こみやかずよし》

経営コンサルタント。株式会社小宮コンサルタンツ代表。

一九五七年、大阪府堺市生まれ。

京都大学法学部卒業後、東京銀行に入行。

米国ダートマス大学経営大学院に留学し、MBA取得。

帰国後、同行の経営情報システムやM&Aに携わった後、岡本アソシエイツ取締役、日本福祉サービス（現セントケア）企画部長を経て、現職。

二〇〇五年から〇九年三月まで明治大学会計大学院特任教授。

著書に『ビジネスマンのための「発見力」養成講座』（ディスカヴァー携書）、『「1秒！」で財務諸表を読む方法』（東洋経済新報社）など。

幻冬舎新書 179

ぶれない人

二〇一〇年七月三十日　第一刷発行

著者　小宮一慶
発行人　見城　徹
編集人　志儀保博
発行所　株式会社　幻冬舎
〒一五一-〇〇五一　東京都渋谷区千駄ヶ谷四-九-七
電話　〇三-五四一一-六二一一（編集）
〇三-五四一一-六二二二（営業）
振替　〇〇一二〇-八-七六七六四三
ブックデザイン　鈴木成一デザイン室
印刷・製本所　株式会社　光邦

GENTOSHA

Printed in Japan　ISBN978-4-344-98180-5 C0295
こ-12-1
幻冬舎ホームページアドレス http://www.gentosha.co.jp/
*この本に関するご意見・ご感想をメールでお寄せいただく場合は、comment@gentosha.co.jp まで。

幻冬舎新書

石原慎太郎
真の指導者とは

現代社会の停滞と混迷を打開できる「真の指導者」たる者の思考、行動様式とはいったい何か。先達の叡智、言動、知られざるエピソードをもとに、具体的かつ詳細に説き明かす究極のリーダー論。

桜井章一
ツキの正体
運を引き寄せる技術

ツキは、突然湧いてくると思われがちだが、実は必ず人を選んでいる。麻雀の世界で二十年間無敗の伝説を持つ著者が、場の空気の変化を敏感にとらえ、運の流れを見抜く方法をわかりやすく伝授。

山﨑武也
人生は負けたほうが勝っている
格差社会をスマートに生きる処世術

弱みをさらす、騙される、尽くす、退く、逃がす……あなたはちゃんと、人に負けているか。豊富な事例をもとに説く、品よく勝ち組になるための負け方人生論。妬まれずにトクをしたい人必読！

藤井聡
なぜ正直者は得をするのか
「損」と「得」のジレンマ

利己主義者が損をして不幸になり、正直者が得をして幸せになることを科学的に実証！　どんな性格の人が結果的に得をし、幸せになれるのか。生きる上で重要なヒントを与えてくれる画期的な論考。